Cartas Ardientes

ROSA AMALIA GALLO

Publicado por
D'Har Services
P.O. Box 290
Yelm, Wa 98597
www.dharservices.com
info@dharservices.com
webmaster@dharservices.com
dharservices@gmail.com

Derechos de autor © 2012 Rosa Amalia Gallo

Diseño de Carátula: Xiomara García

ISBN 978-0-9853923-6-9

Derechos Reservados

Todos los derechos de autor están reservados. Este libro no se puede reproducir completo o por partes, o traducir a cualquier idioma por medios electrónicos, mecánicos, fotocopiado, o ningún otro sistema sin la previa autorización por escrito del autor, excepto por alguna persona que use pasajes como referencia.

Agradecimientos A:

Adrián Mondalportti
Quien me brindó ayuda en la transcripción del manuscrito
he hizo algunos aportes que enriquecieron la obra.

Jorge Zaldarriaga
Quien fue mi mirada por las calles de París.

Cristian González
Por su gran colaboración.

Daniel Bianco
Por sus explicaciones de Mecánica Automotriz.

PRIMERA PARTE

YOCASTA EN SILENCIO

UNO

Al doblar por la curva del camino que llevaba al pueblo de Beauchamps, Agnes Ducreux supo que ése sería su último viaje al lugar, y se permitió un momento para disfrutar del espléndido panorama: la cinta de plata que descendía por el borde boscoso del paisaje y el inmenso cielo de un intenso color azul, que besaba a lo lejos, la línea final del camino, brillando en la distancia, puesto que era lo último que la vista podía abarcar.

Transcurrían los primeros días del verano pero el clima no había adquirido aún, la pesada humedad propia de esa época del año. Por alguna razón, se encontró pensando en eso como si tuviera alguna importancia para ella. Quizás la tenía, si acaso decidía marcharse a la playa y vacacionar allí hasta que lo considerara... oportuno. ¿Qué compromisos le quedaban pendientes? Casi ninguno, suponía. *"Quizás... solamente uno"*, pensó y, para su sorpresa, sintió por eso más alivio que amargura.

Intentó capturar su propia mirada en el espejo retrovisor del *"Porsche"* que conducía, con el oscuro temor de encontrar allí, los ojos de una perfecta desconocida. No los suyos, que habían permanecido enrojecidos y llorosos durante casi toda la semana transcurrida. Pero era su mirada, la de siempre. Tal vez nada más que con un ligero movimiento nervioso que agitaba sus párpados con más insistencia que de costumbre y mostraba el rastro de aquel dolor –extraño dolor- que había decidido habitar en sus ojos color café, profundizándoles su oscuridad casi inexpugnable.

Era André el que solía hablar de su mirada, en esos términos. Aquel André a quien había amado hacía un tiempo inmemorial y cuyo recuerdo apenas rozaba ya su sensibilidad. El recuerdo de André y de su amor por él: a eso se refería; un perfecto paquete cerrado y lacrado para siempre, a punto de ser arrojado al último mar de su indiferencia.

Pero su visita al pueblo de Beauchamps desacomodaba algo de aquel fárrago de evocaciones sin nostalgia. Le transmitía cierta luz gélida sobre su telón de fondo y le regresaba un sabor entre amargo y áspero, como el de un buen vino ya ajerezado.

La insondable oscuridad de su mirada había atrapado a André en el pasado, como a un pequeño insecto en una gran telaraña, por los años suficientes para sorprenderlo al momento de descubrir cuánto desamor y desprecio le habían dedicado aquellos ojos oscuros, en los que él se había reflejado, solazándose, cuando llegó el tiempo del desengaño.

Una sonrisa apenas perceptible se escurrió por la comisura de sus labios, mientras aquel pensamiento se desvanecía y surgía en su lugar, cierta comprensión por la inquietud que su regreso a Beauchamps le causaba. Era su regreso sin gloria, al sitio al que ya jamás volvería después de esta ocasión. Era consciente de que regresaba para organizar una despedida que bajo la apariencia de ser insensata, tenía para ella todo el sentido del mundo. Algo había terminado para siempre, algo tenía que empezar de nuevo, aun sin su participación siquiera, y sostenido por el horror de aquel final. No podría dejar de registrar, al menos simbólicamente, en algún punto de su propia historia... que un adiós había sido pronunciado. Porque ninguna muerte merecía serlo sin despedida.

Beauchamps resplandecía bajo el sol intenso de la mañana. En aquel momento parecía nada menos que un hermoso villorrio, detenido en un efecto de tarjeta postal. Así surgía, de pronto, al dejar la carretera principal, para adentrarse en los primeros espacios urbanizados, con sus rúas desparejas y empedradas, y sus pequeñas casas blancas a los lados, exhibiendo casi todas ellas, el modesto pero específico buen gusto de sus habitantes, que rodeaban sus hogares con bellos canteros y tiestos llenos de las multicolores flores de estación.

Luego se llegaba a la plaza central y sus comercios. Frente a ella se veía la pequeña iglesia de un estilo arquitectónico más bien moderno, producto de ciertas reformas hechas a su fachada. Un poco más allá se encontraba, con sus persianas bajas, el club rotario que funcionaba como centro de organización de los eventos sociales del pueblo. Ella recordaba haber estado allí con André, en mejores tiempos, departiendo con sus vecinos en bailes con orquesta, competencias de *bridge* y ventas de antigüedades «eso que estorbaba en cada casa» a beneficio de niños y ancianos de asilos pobres.

Agnes sintió que parte de su tensión desaparecía por causa de aquellos recuerdos y aquella vista. Beauchamps había tenido ese efecto sobre ella, en el pasado, y conservaba aún toda su fuerza a pesar de las nuevas circunstancias.

Sabía que al doblar a la derecha llegaría a un suave declive del terreno y, más allá, al pequeño lago de la comarca. Tenía memorizados algunos detalles insólitos, como el color agrisado de cierto liquen que crecía sobre las piedras de la orilla y el número de las chimeneas alineadas, con su efecto de lejanía, asomando exactamente sobre el borde que formaba el declive. Eran el remate de algunas casas del pueblo y cada vez que las contaba «o, mejor dicho, cada vez que las *contara* en el pasado», sonreía para sí por su pequeño rito obsesivo. Un día, todo eso formaría parte de un recuerdo. No de ella seguramente, sino más bien de André.

André la vio estacionar el *"Porsche"*, admirando silenciosamente el aplomo con que descendió del automóvil y comenzó a caminar hacia donde él se encontraba. ¿Sería consciente de cuánto la estaba odiando en ese momento, mientras la veía acercarse? Eso le hizo esbozar una sonrisa, de un modo más bien lastimero. ¿Había sonrisas lastimeras? Si las había, estaba seguro que esa mueca en su rostro, era una de ellas.

_ No habrás olvidado contar las chimeneas...

Recibirla con aquel comentario le pareció, de pronto, de lo más inapropiado. Pero Agnes no dio muestras de sentirse afectada, cuando acercó los labios a su mejilla para besarlo... ¡como a su mejor amigo!

_ Desde luego _ respondió indiferente _ Es mi pasatiempo favorito cuando llego a esa parte del camino.

Desde su altura, André trató de atisbar cualquier indicio, cualquier rastro de ironía en la expresión de su ex –esposa. Pero lo único que encontró fue un gesto calmo, de alguien que había respondido a su provocación, con rigurosa sinceridad.

Tal vez no había querido provocarla, después de todo. Tal vez sólo se había tratado del hecho de mencionar un último detalle de conocimiento íntimo. Casi para indicarle que por mucho que hiciera para alejarse, él la conocía mejor que nadie. Y eso jamás podría cambiar.

Caminaron juntos hacia el interior de la casa. Agnes se preguntaba por el sentido de aquel recibimiento, aunque no haría ni diría nada que delatara cuánto le habían fastidiado las palabras de André. En realidad, no tenía que ser ninguna sorpresa para ella que su ex –marido diera siempre cuenta de poder tomar de su interior algún pensamiento, algún saber. En un tiempo, él había llamado a esto *"conocerse tanto"*. Pero ya no la engañaba: había sido sólo un modo de mantener cierto control sobre ella, con un fastidioso estilo de *"sé lo que estás pensando"*. Hasta que... un buen día, dejó de saberlo. *"¡Pobre André!"*, ironizó para sí misma. ¿Alguna vez volvería a sentirse seguro de alguien?

Por su parte, André terminó por confesarse, molesto con el recibimiento prodigado, que seguía siendo el mismo ingenuo de siempre, uno que insistía en creer que la conocía tanto. *"No la conocí tanto el día que supe..."*

_ No voy a quedarme por más de un día _ Agnes interrumpió el hilo de sus pensamientos, sobresaltándolo _ Espero no incomodarte demasiado.

_ No lo harás, Agnes _ le aseguró _ Puedo sobrevivir a eso.

Agnes acusó el golpe. Ahora André sonaba verdaderamente sarcástico y ésa era la parte de su agresividad que ella más detestaba. De todos modos, no esperaba de él más que eso, ser el blanco de todo su odio. Pero, una vez más, decidió no replicar ni prestar atención a los detalles. Algo mucho más importante para ella en ese momento, se desplegaba ante sus ojos: los cambios introducidos en el lugar que alguna vez había sido la casa compartida.

_ ¡Oh!... _ no pudo evitar que la sorpresa saliera de su garganta como un sonido ahogado, aun aborreciéndose por ello.

Todo allí era diferente ahora. Tanto, que de no saber dónde se encontraba, le hubiera costado un gran esfuerzo reconocer a su antiguo hogar.

Era evidente la forma en que André había intentado borrar su presencia en el lugar. Lo había hecho de un modo rotundo. Nada de lo que alguna vez habían sido *algunos objetos personales que dejo aquí porque sé que cuidarás de ellos*" se veían por ningún parte. Ni el bello reloj de pared de principios de siglo, ni el sillón estilo *Chippendale*, donde había pasado sus largas horas de lectura, entre tantas otras cosas. Por otra parte, el viejo tapiz de las paredes había sido removido completamente y reemplazado por paneles de madera clara, que sin dejar de dar luminosidad a la sala le brindaban, además, todo un estilo masculino. Una gran cabeza de venado –seguramente un trofeo de caza por el que habría pagado mucho dinero- era el detalle más perfectamente detectable, en el sentido de haber quitado efectos femeninos innecesarios en el ambiente.

_ La casa de un hombre... _ dijo, entre dientes _ Te has ocupado de dejarlo en claro.

André se encogió de hombros y la miró largamente.

_ ¿Algo está mal con eso? Soy un hombre y vivo aquí... solo.

Fue en ese momento que Agnes, casi en un acto de comprensión mística, aceptó que no se trataba tan sólo de que ella no volvería a vivir allí, sino que André había hecho lo imposible para convencerla todo el tiempo de que ese lugar jamás le había pertenecido, sin conseguirlo. Y no era un tema de división de bienes, después del divorcio. Era un tema de soledad, de esa clase de soledad hecha de dolor y de abandono, que André le había impuesto casi desde el comienzo de su matrimonio. Que Jean Paul terminara siendo su única razón de vida, no era algo meramente declamativo y no estaba ni en la contingencia de sus actitudes ni en la supuesta naturaleza de sus genes. Por un instante, ella tuvo serias intenciones de atacarlo y de gritarle que todo lo ocurrido *también* había sido su culpa. Pero, en cambio, sonrió...

Ese mar embravecido que arrastraba en su interior, jamás saldría a la luz. Ella no lo permitiría porque si algo necesitaba su espíritu, era mentirse resignación hasta el final.

_ Tus cosas fueron enviadas a un depósito en París. Voy a darte la dirección...

Estuvo bien que André se corriera un momento en busca de algo, en el cajón de un *bureau*, a sus espaldas. Porque estaba segura que esta vez, su mirada estaba directamente conectada con sus sentimientos. *"Con que **fueron enviadas**"*, remedó para sí. *"¿Por quién, maldito?"*

Tuvo tiempo de recomponer el rictus de brusco encono, al momento de tomar la tarjeta que André le extendía.

_ No te engañes, Agnes _ otra vez en él la seguridad de haber "atrapado" uno de sus pensamientos _ No tienes ningún derecho a sentirte afectada por esta situación.

Mientras hablaba, dejó que sus manos describieran un círculo a su alrededor, para enrostrarle la nueva sala del viejo hogar.

_ No lo estoy _ soltó ella, reprimiéndose. Y sabiendo lo que vendría a continuación, se adelantó a cualquier comentario de André _ En verdad, tú y todo el mundo sienten que ya he perdido *cualquier* derecho. Y es mejor que ninguno de los dos olvide eso.

_ Yo no lo olvidaré, en la medida en que tú no quieras actuar en calidad de víctima.

_ ¡No soy una víctima! _ Esta vez todo su rencor le estalló en la voz y en el brillo de sus ojos _ ¡Si lo fuera, te dejaría *a ti* el raro privilegio de sentirte mi victimario!

_ ¡Oh… de eso se trata! _ André le volvió la espalda para servirse un trago _ ¿Quieres una copa de *bourbon*?

No la miraba al preguntárselo, por lo que le pasó desapercibido el modo en que ella observaba el atizador junto a la chimenea.

_ Lo que quiero es… despedirme hoy de ti. Para siempre _ Agnes había recuperado el control _ Es por eso que he venido… y casi por ninguna otra cosa.

_ ¿Casi? _ se volvió para enfrentarla, cargado de sarcasmo.

Ella sabía cuánto iba a costarle decir aquello, pero estuvo dispuesta a asumirlo.

_ Y también para decirte que el doctor Moreau es bastante optimista con respecto a la recuperación de Jean Paul. El cree que… con el tiempo, va a superarlo todo.

André soltó una risotada que a ella le sonó grosera.

_ "Todo" es una palabra cargada de absolutismo _ al momento de hablar, su mirada se llenó de desprecio _ Tal vez no sea la palabra usada por el doctor Moreau. Tal vez es la palabra que tú traduces de lo dicho por él. ¿No es, acaso, adecuada para que en cierto modo creas que algún día podrás volver a sentirte una buena persona?

_ No _ respondió Agnes, categórica _ No es lo que creo. Y ésa fue la palabra usada _ Ya se dirigía a la puerta, segura de que su visita, breve y definitiva, terminaba mucho antes de lo esperado y exactamente así _ Pero a propósito… ¿es una buena persona el que tiene una cabeza de venado colgando de su pared?

André volvió a reír groseramente, aunque algo sorprendido por el comentario.

_ ¿Lo preguntas en serio?

_ ¡No! ¡Lo hago porque no quiero preguntarte si acaso crees haber sido un buen padre!

André aguardó por el portazo. Pero hasta en eso, ella lo decepcionó. Porque Agnes cerró cuidadosamente la puerta, al marcharse.

DOS

Marguerite Genet era una muchacha atractiva y vital. Conservaba ese aire provinciano, propio de la gente que no acepta someterse fácilmente a las imposiciones del modo de vida en las grandes ciudades y decide defenderse de ello, de alguna forma posible.

Haber conseguido aquel empleo de tiempo completo, a pocos días de llegar a París, había sido para ella como tocar el cielo con las manos. Lo primero que hizo fue telefonear a su padre y a algunos amigos que habían lamentado su decisión de dejar su ciudad, para estudiar Filosofía. Porque todos pensaban que Marguerite era demasiado sensible y delicada para sobrevivir por mucho tiempo, en un ambiente agresivo y desconocido.

Pero dos años después, con un pequeño apartamento arrendado en las afueras de la ciudad y su ciclo introductorio en la Universidad, aprobado, Marguerite se había fortalecido casi sin darse cuenta.

_ A eso le llaman adaptación _ le aclaró su compañera de curso _ Y por ese camino todos llegamos a parecernos y a gustar de las mismas cosas.

_ Te equivocas, Chantal _ la contradijo Marguerite, alegremente _ Eso se llama alienación. Y no estoy dispuesta a someterme a ella. Por lo menos no de un modo tan brutal...

_ ¿Ah no, pequeña "platónica"? ¿Y qué tal si te digo que esta noche tenemos una fiesta en casa de Dominique Gerbau? ¿Te alienarías demasiado si asistes?

Marguerite soltó su risa cantarina.

_ ¡Pero esa es la clase de alienación que yo disfruto un viernes por la noche!

_ Ya me parecía... _ respondió Chantal, siguiéndole su broma.

En aquel momento, mientras dejaba que las volutas de humo de un cigarrillo le envolvieran el rostro, se preguntaba por qué había traído a su memoria aquella conversación insustancial con su vieja amiga, casi con la seguridad de que ningún detalle faltaba en su evocación. Ella llevaba puesto su *jean* gastado y su saco corto de color rojo. Chantal, en cambio, vestía un traje de chaqueta azul brillante, que le otorgaba en cierto modo un aire de *"femme"* fatal. Su amiga le sonreía todo el tiempo, mientras caminaba junto a ella, llevándola de un brazo. Y ella, apretando contra sí sus cuadernos, se dejaba llevar contagiada de la misma alegría. Era un recuerdo simple, anodino, que hasta hubiera podido ser uno irrecuperable, uno de ésos que aun antes de tiempo, termina convertido en bruma, para desaparecer sin dejar rastro en la memoria. Pero estaba allí, y volvía en aquella tarde de verano a golpear a su puerta. ¿Por qué?

Cuando apagó el cigarrillo contra el cenicero, aplastándolo, Marguerite obtuvo la respuesta. Porque, seguramente, eso había sucedido en su último día de felicidad. Y uno tiende a recordar esas cosas...

Aquella noche en casa de Dominique, lo había conocido. Lo descubrió apenas al llegar, destacándose entre todos por su altura. Y porque su rostro aniñado, de bellos y profundos ojos oscuros, miraba a su alrededor causando cierta impresión de desamparo.

Así era como Marguerite recordaba a Jean Paul Charriere, la noche del día que le permitió entrar en su vida: como un ser desvalido, casi en el límite de la desolación.

_ Bonita reunión _ se escuchó decir mientras le acercaba un vaso de cerveza _ ¿Eres amigo de Dominique?

_ De Jacques Berrault _ respondió él, sonriéndole con un gesto en el que su encanto y su timidez se mezclaban para acentuar la belleza de sus rasgos, según Marguerite _ Es decir... soy amigo de un amigo de Dominique. ¿No es un poco complicado?

_ Para nada _ le aseguró, elevando la voz por encima del volumen de la música.

_ No suelo asistir a esta clase de fiestas. Pero Jacques insistió para que viniera y... aquí estoy. Esta vez me convenció...

_ ¡Genial! _ soltó Marguerite alegremente, mientras se disponía a pasarlo en grande _ ¿No vas a invitarme a bailar?

_ No... _ Jean Paul se sobresaltó al ver la expresión en su rostro _ Quiero decir... ¡por favor no lo tomes a mal! No sé bailar.

Marguerite terminó por reír con todas sus ganas.

_ Yo tampoco. Y ya he sido demasiado audaz por esta noche. ¡No me reconozco a mí misma!

_ ¿Por qué no vamos al jardín? _ propuso él, sin ocultar su alivio _ Está un poco sofocante aquí, ¿no crees?

_ De acuerdo. El jardín es el mejor lugar para dos que no bailan...

Después recordaría el entusiasmo con que le refiriera a su amiga Chantal, aquel encuentro con Jean Paul.

_ ¡Sé que voy a amarlo con locura! _ exclamó el lunes por la tarde, antes de entrar al aula.

Chantal la observó con cierto aire de preocupación.

_ Aguarda, ¿no es un poco apresurado decirlo? Tú no eres así...

También aquellas palabras de Chantal estaban grabadas a fuego en su memoria. Porque en su último día de felicidad, ella había dejado de ser de tantas maneras...

TRES

Jean Paul estaba a punto de graduarse como ingeniero. Daría su última asignatura hacia finales de otoño y, por alguna razón, haber conocido a Marguerite le había significado una especie de cierre de círculo perfecto. Como si todo pudiese empezar a estar en orden en su vida, a partir de ese momento.

Esa era, exactamente, la sensación que lo embargaba. Y le parecía oportuno compartirla con su único amigo. Porque también él podía formar parte de ese conjunto de circunstancias felices, si se lo proponía.

A Jacques lo sorprendió un poco aquel entusiasmo, porque él se había mostrado más bien reacio a la exteriorización de sus sentimientos más íntimos.

_ Te ha dado fuerte, ¿eh?... _ dijo, palmeándole la espalda.

_ Mucho más que eso _ aseguró Jean Paul _ La amaré para siempre.

Poco después, aguardaba por ella a la salida de su clase vespertina. Habían acordado ir al cine y, tal vez más tarde, cenarían juntos. Verdaderamente, era todo un plan...

Se sonrieron al verse, con esa clase de sonrisa propia de quienes se han predispuesto a ofrecerse, mutuamente, sus promesas inaugurales, las intactas, las que uno se juramenta cumplir.

La película no había resultado gran cosa pero eso no había tenido ninguna importancia. Jean Paul recordaba el modo en que en un momento dado, su mano había buscado el regazo de Marguerite y, al percatarse de su aceptación, había permanecido allí en una especie de éxtasis jamás experimentado.

Jean Paul hubiera deseado volver el tiempo atrás. Regresar a aquel momento mágico en el cine, pero también a cada una de las palabras que había utilizado para expresarle su amor. Y cambiarlas a todas... Pero lo que verdaderamente lo atormentaba, era el hecho de que las únicas palabras que habría deseado conservar eran las escritas en aquellas cartas que Marguerite nunca leyó.

Al doctor Moreau no le pasó por alto la mirada de Jean Paul, perdida en algún punto que había situado fuera de aquella habitación de hospital, a través del ventanal que, como corolario de un dolor al que aún no le había puesto nombre, le devolvía el paisaje de un día gris y lluvioso, bruscamente instalado en medio de ese verano luminoso.

Cuando su atención regresó al lugar, el rostro de Jean Paul daba muestras de volver a tomar contacto con la realidad. Aquel recuerdo que él llamaba especial, había desaparecido...

_ Si en este momento el sol cayera al vacío, nadie lo notaría.

_ ¿Por qué lo dices? _ El doctor Moreau se extrañó por el comentario y, de pronto, temió que la recuperación de su paciente no hubiese siquiera comenzado.

Jean Paul esbozó una mueca; algo parecido a una sonrisa.

_ No se preocupe, doctor. No estoy divagando... _ por un momento dejó su mirada alineada con la del médico _ Sé que el sol no caerá, que eso no es posible porque las estrellas se sostienen en sus órbitas gravitacionales.

_ ¿Vas a darme una clase de astronomía? _ el buen doctor intentaba acercamientos basados en su propia amabilidad.

_ No... Sólo quiero decir que esta bendita lluvia nos hace olvidar que del otro lado de las nubes está el sol, y volveremos a verlo cuando deje de llover.

_ Creo que estabas intentando decir algo más profundo que eso...

_ ¿No nos sorprendería si no estuviera? ¿Si hubiese desaparecido mientras no podíamos verlo?

_ ¿Desaparecer como qué, Jean Paul? _ hubo un breve momento de desorientación en la mirada del muchacho. El doctor Moreau sintió la necesidad de rectificar parte de su pregunta _ ¿Cómo quién?

_ Usted sabe...

_ Dilo.

_ Como Marguerite Genet.

Se le había quebrado la voz y hacía un gran esfuerzo para que no se notara.

_ Puedes conmoverte, si quieres. Eso no perjudica tu tratamiento, sino más bien lo contrario.

Jean Paul dejó que sus lágrimas fluyeran, como si hubiera estado esperando como un permiso, aquellas palabras.

_ ¡Duele tanto, doctor Moreau! _ exclamó ahogadamente_ Hace tanto tiempo… que la perdí. ¡Hace tanto tiempo que me olvidó! ¡Y yo no lo sabía!

Ahora lloraba abiertamente. En la mirada del médico se había instalado una preocupación. Jean Paul no estaba reaccionando a un dolor mucho más intenso que ése. Porque se trataba de uno que, por el momento, había decidido acallar… para sobrevivir.

CUATRO

Agnes secó con el dorso de su mano, las pequeñas gotas de sudor que se habían formado sobre su labio superior, y también las lágrimas de impotencia y rabia que le nublaban la vista. Mientras conducía de regreso, a excesiva velocidad, se preguntaba, reprochándoselo, para qué había ido hasta el lugar que ahora sólo le pertenecía a André, para qué había querido despedirse de él.

_ Como si pudieras valorar algo de eso, maldito _ masculló, apretando los dientes, en tanto aumentaba la velocidad.

El camino de cintura, en esa parte del recorrido, en que se alejaba del bosque que cubría todo el precipicio, se volvía peligroso para un conductor desaprensivo o distraído. Y ella estaba siendo ambas cosas en ese momento. Además, el clima había cambiado bruscamente. Acaso, la humedad y la lluvia llegarían finalmente, para arruinarlo todo. El pavimento estaba respondiendo a esa circunstancia climática y las ruedas del *""Porsche"* no se aferraban lo suficiente, para hacer que el recorrido resultara seguro.

Sus nudillos estaban lívidos por efecto del modo en que se tomaba del volante. Y sólo era consciente a medias, de que estaba apretando el acelerador a fondo. Su crispación interior se había convertido en todo su mundo.

Cuando la bocina del enorme camión que avanzaba en sentido contrario, comenzó a sonar con la insistencia desesperada que su conductor le imprimía al darse cuenta del accidente que se avecinaba, Agnes logró reaccionar y sustraerse de su enfurecido mundo interior. Pero, por un instante, comprendió que podía ser demasiado tarde...

Y no fue, precisamente, esa comprensión súbita lo que la horrorizó, haciéndola gritar con todas sus fuerzas, sino el haberse sentido atraída por el lado oscuro de cualquier consecuencia de aquel momento: era mejor terminar allí, no desaprovechar semejante ocasión del destino.

Tuvo tiempo de descubrir la mirada desorbitada del conductor del camión y el movimiento agitado de su boca, al abrirse en un espasmo de gritos y exclamaciones que ella no podía escuchar. Y un instante antes de elegir hundirse en la oscuridad, volvió a tomar el control del *"Porsche"*, haciéndolo desviarse a un palmo de distancia de aquella mole de metal –el acoplado.

Un momento después detuvo la marcha. Necesitaba reponerse, fundamentalmente, de la oquedad de sus pensamientos.

Cuando la agitación de su respiración desapareció y sus manos dejaron de temblar, decidió que aún le restaba un paso por dar. Sólo un paso, nada más. Y esto quizás, la mortificaba. Acababa de sobrevivir a un desastre seguro, sólo para darse cuenta que lo demás consistía en apenas un poco más de tiempo. *"No estoy hecha de la madera de la tía Pascale"*. El pensamiento la obligó a sonreír. La tía Pascale había desafiado a Dios, viviendo hasta los 104 años, dentro de un cuerpo plagado de achaques y enfermedades, pero que solamente entregó a la muerte cuando el último esfuerzo de su espíritu se lo pidió.

"Así es como se llega a vivir tanto tiempo", se dijo, *"cuando el espíritu hace sobrevivir al cuerpo"*. Y ella ya había arrojado al suyo, muy lejos de sí. Había comprendido que no tenía sentido conservarlo: en su caso, éste había muerto antes que su cuerpo. Se había convertido nada más que en un semblante, una cáscara que recubría su profundo vacío y una insondable oscuridad.

Había algo que no le había dicho a André, o se lo había dicho como una verdad a medias. Su despedida en Beauchamps tenía mucho más que ver con el lugar que con él. Nunca le perdonaría que se lo hubiera arrebatado ni que hubiera estropeado aquel final, tan pronto. Hasta casi hacerla salir huyendo…

A pesar de que era él quien ahora iba a permanecer allí, a pesar de todos los cambios que le había impuesto al lugar, a pesar de ser el legítimo propietario de la casa, lo que había en Beauchamps, desde su magia hasta su desencanto, era mucho más suyo que de André.

Y con todo eso en su corazón, había partido de allí para siempre.

CINCO

André permanecía de pie, frente a la cabeza de venado que adornaba la pared de *su* sala. Estaba bebiendo su segunda copa de *bourbon* y aún faltaba tiempo para la hora de la cena.

Sabía, de antemano, que esa noche se embriagaría hasta que ningún pensamiento quedara en pie. Y que luego se arrojaría a dormir para que ningún sentimiento, de odio o de amor, pudiera ser reconocido en lo más íntimo de su corazón.

Quería convertirse en un hombre vacío. Así de vacío como

Agnes lo había culpado de ser, durante tanto tiempo. ¡Qué podía saber ella! Ya ni recordaba cuándo había sido la última vez que le dedicara una mirada de afecto, o que él la invitara a asomarse a su alma de hombre enamorado. Porque había estado enamorado de su mujer hasta el mismo día en que supo... que ella confundía el amor con otra cosa. Y que lo hacía de un modo tan increíblemente perverso. Pero aun así y pese a todo, si acaso había aceptado darle el divorcio, no había sido más que por el profundo miedo que el odio retenido en la oscuridad de su mirada, había comenzado a causarle. Cuando descubrió la intensidad de ese odio, ya no tuvo fuerzas para nada más que para huir de ella. Si bien parecía, de acuerdo como se habían dado los acontecimientos, que de no haberlo hecho, el resultado hubiera sido exactamente el mismo. Porque Agnes –tenía que reconocerlo y aceptarlo- lo habría abandonado, de cualquier manera.

¿En qué se había equivocado tanto? ¿Cuándo fue que su matrimonio había comenzado a desmoronarse? ¿Cuándo se había terminado el amor?

De pronto, sonrió para sí ante aquel alud de preguntas que podían ser tan profundas como mediocres. *"Sigue por ese camino de preguntarte cosas"*, se dijo, *"es por donde no llegarás a ninguna parte"*.

Empezaba a sentir los efectos del alcohol. La cabeza de venado frente a él, se veía enorme y absolutamente ridícula, en aquella pared de la sala. Sólo tenía ante sí la mirada vacía y vidriosa de un animal muerto hacía, seguramente, muchísimo tiempo.

"Esta es la verdadera respuesta a todas tus preguntas. Sólo un venado que se dejó cazar y matar estúpidamente, podría escucharte esta noche..."

Se ahogó en su propia risotada, al darse cuenta del modo en que se dirigía a sí mismo.

_ ¡Vaya, vaya! _ exclamó en voz alta esta vez, arrojándose pesadamente sobre el sofá _ Sí que estoy bastante *"esquizo"*...

Pero un momento después, las lágrimas comenzaron a asomar, indoblegables. En su mente, el efecto era como el de "ver" pasar toda su vida, con total ausencia de imágenes. Como si sólo una voz interior le dijera acerca de las cosas que había hecho mal, que había vivido mal, incluso que había planeado mal. Y si había algo que tenía que reconocer, sin eufemismos, era que su verdadera parte *"esquizo"*, como él la llamaba, se relacionaba con haber amado profundamente a Agnes, aun siéndole infiel todo el tiempo.

Tal vez, el desamor comenzó el mismo día en que ella lo descubriera. Aunque era consciente de que ya por entonces, solía quejarse de la soledad y el abandono que sentía, porque él trabajaba demasiado.

Otra sonrisa, de ésas que podían incluirse en la categoría de "lastimeras", curvó sus labios. Trabajar demasiado y haber dado un buen pasar a su familia parecían virtudes ponderables en cualquier hombre. ¿Por qué Agnes se las había ingeniado para demostrarle que, en realidad, no era así? ¿Por qué Agnes *tenía* esa capacidad de demostrar que casi nada era como parecía ser?

La odió más que nunca en ese momento. Pero entonces... ¡ella tenía razón cuando señalaba el poder de las apariencias! ¿Acaso, podía aborrecer tanto a quien había amado *tanto*? ¿En qué rincón oscuro de los sentimientos de un hombre, el amor y el odio se unían para terminar siendo lo mismo?

"Cursi", pensó de sí en el instante en que intentaba ponerse de pie, sin lograrlo. Estaba completamente ebrio. Por eso, no pudo asombrarse de sí mismo, cuando rompió a llorar como un pobre chiquillo desvalido. Justamente el llanto era lo único que André no se había permitido jamás. Pero esa noche, todo era diferente...

_ ¡Mi hijo! _ le gritó, entre ahogos y sollozos, al silencio ominoso de la sala.

Entonces, mesándose el cabello con violencia, y con los ojos anegados en lágrimas mirando el cielorraso, una exclamación que por primera vez lo llevaba a la aceptación de su culpabilidad y parecía arrasar con todas sus represiones, escapó de su garganta dolorida por el esfuerzo de su propio grito incontrolable:

_ ¿Qué... te hemos hecho?

SEIS

Agnes se sentía cansada y en tensión. Había manejado casi todo el día y aún conservaba en la boca cierto sabor metálico que el pánico le había dejado, ante la inminencia de aquel accidente afortunadamente fallido, cuya extraña atracción decidió rechazar como a un mal presentimiento. El resultado final de todo esto era algo de malhumor y bastante agobio. No era el mejor estado de ánimo con el cual presentarse en la casa de Marguerite Genet.

"Las lágrimas se ocultan, las sonrisas se muestran".

El recuerdo de aquellas palabras la invadió de súbito, en tanto el *"Porsche"* se dirigía a su nuevo destino, conducido por su mano experta. ¿Quién repetía eso todo el tiempo? ¿Su padre? ¿O había sido, en verdad, su madre? Tenía que haber sido ella, seguramente, porque de los dos era a quien se le notaba algún pequeño desencanto por la vida, de tanto en vez. ¿Y en qué había consistido el desencanto de su madre? Jamás lo había sabido, pero siempre lo había relacionado con la frustración sexual de quien fuera educada bajo estrictos principios victorianos. Sin embargo, cuando supo que el fatal derrame cerebral de su padre sobrevino después de hacer el amor con ella, algo de sí misma se enfadó profundamente con la idea de su propia sexualidad. No sabía bien por qué, o no quería entenderlo... pero, tal vez, en ese nivel, hasta su madre había sido menos infeliz que ella misma.

No obstante, las palabritas del recuerdo le devolvían la imagen de una mujer siempre dispuesta a no dejarse atrapar en nada que sus represiones le permitieran controlar. Y tenía que reconocer que, en realidad, casi todo el mundo actuaba bajo esos mismos términos. A nadie le agradaba exhibir sus propias lágrimas, porque la emoción y el verdadero valor de los sentimientos son de un cariz absolutamente íntimo o avergüenzan a la mayoría porque pueden prestarse a confusión, incluso interpretarse como sensiblería o exponer, precisamente, esa parte de la sensibilidad que todos deseamos resguardar en el recato. En cambio, las sonrisas y la alegría no parecen comprometer demasiado a nadie...

Sí, así era como pensaba su madre. De modo que las palabras que habían acudido a su memoria, le pertenecían.

"*¡Qué tontería!*", pensó en ese momento y volvió a acelerar por primera vez, después del mal rato pasado en el camino de cornisa.

A la edad de sus padres –esos padres todopoderosos del recuerdo de su infancia y ya menos brillantes y más insoportables, en su adolescencia- ella estuvo andando por la vida sólo para recoger infelicidad. En cambio, ellos, convencidos quizás de la sacralidad del matrimonio, austeros en su conformismo y sabios en el aprovechamiento de sus días, le mostraban a la distancia, una lección jamás aprendida: a su edad habían conocido *verdaderamente* esa forma que toma la felicidad al presentarse en la vida. Ella sólo había hecho algunas piruetas para que la tristeza no fuese su pan cotidiano.

Le quedaba una única pregunta dando vueltas alrededor de todos sus recuerdos; ¿por qué sobrevivía su nostalgia por ese pasado, donde aquella felicidad ajena estuvo frente a sus ojos todo el tiempo y de la que, pese a ello, nada aprendió? Incongruentemente, pensaba en términos de un lugar que debió existir en alguna parte, adonde jamás pudo llegar.

Pero esta vez llegaría. Porque ese lugar se llamaba Puan, estaba sólo a dos horas de distancia y allí vivía Marguerite. Probablemente, no tuviera demasiado que ver con su lugar imaginario, pero lo que había planeado hacer allí, le acercaba algún resarcimiento ineludible.

Iba en busca de su propio alivio. Creía que aún no era demasiado tarde para conseguirlo...

El paisaje se había vuelto monótono. A los lados de la estrecha carretera se extendían interminables campos de lino y girasoles. Algunas casas rurales se veían a lo lejos y, de vez en cuando, un antiguo molino de viento se mostraba, alto y erecto, como un fálico centinela. Había cercos que indicaban el límite del dominio de quienes allí vivían y trabajaban. *"Un cuento de hadas"*, pensó Agnes, *"para quienes la conformidad está lejos de la estupidez mundana"*.

Más tarde, comenzó a prestar atención a los carteles de indicación. Si su viaje hubiese continuado más lejos, habría encontrado la señalización del desvío hacia la autopista que conducía directamente a París. Nantes, con su Mercado de Pommeraye y sus plazas, a cincuenta y cinco kilómetros del océano, no se encontraba a más de cien, en su itinerario. Quizás la visitara después...

Agnes se había enamorado de la ciudad un día en que la visitara, hacía ya muchos años. Y André, que por entonces aún conservaba el deseo de pagar sus culpas del modo más oneroso posible, la había sorprendido en uno de aquellos aniversarios que todavía celebraban, con el título de propiedad de un pequeño ático en el *Barrio Viarmés:* uno de los lugares más bellos de la ciudad.

Siempre había sido un gusto volver allí. En sus peores momentos de crisis matrimonial, aquel ático había sido su mejor refugio. Nunca podría compararlo con Beauchamps, por supuesto. Pero ese lugar también se había convertido en algo tan suyo, que siempre terminaba por añorarlo con la fuerza suficiente para regresar y permanecer allí unos días, al menos. Los que necesitara para reparar su corazón herido y su espíritu insatisfecho.

Claro que la mayoría de las veces, era en Beauchamps donde se retiraba a restañar las heridas. Pero sabía que era en el ático de Nantes, donde podía hacerlo más íntimamente y sin ser molestada por las sorpresivas llegadas de André. En ocasiones, Jean Paul la había acompañado. Y ésos, se dijo, sí que habían sido días verdaderamente felices.

Esta vez se dio cuenta que había dejado transcurrir demasiado tiempo desde su última visita... ¿No se había hecho ya algo tarde para planear otra estadía?

Desde un primer momento había descartado la idea de elegir su ático como escenario de su plan. No estaba segura de lograr con eso el efecto que, en verdad, estaba buscando. Decididamente, no. Que se tomara a última hora un breve tiempo de solaz, visitando la ciudad, no tendría que ver con ningún otro propósito. Y le daría algo de aire a sus oscuras determinaciones. Lo pensaría...

Finalmente, estaría en Puan, su lugar de destino, en menos de veinte minutos.

Poco después, volvió a llamarle la atención el modo abrupto en que el paisaje rural concluía, en el punto justo en que un enorme cartel, sostenido por pircas de grandes piedras grises, anunciaba que el viajero era bienvenido a la pequeña ciudad.

Agnes detuvo el motor y esperó a que las terminaciones nerviosas de su cuerpo se acomodaran a la sensación de vacío, al cesar el movimiento después del largo viaje.

Puan había crecido a la sombra de La Rochelle y su complejo de inferioridad por esta razón, quedaba evidenciado en un exagerado intento por permanecer atrapada en sus viejos hábitos pueblerinos, desdeñando cualquier importancia atribuible al hecho de haber llegado al estatuto de ciudad; una verdadera actitud de *belle indiference.*

Con las ventanillas bajas, Agnes permaneció por un momento, aspirando con fruición el aire impregnado del aroma de las glicinas que crecían junto al orgulloso anuncio de bienvenida. Ya conocía Puan como a la palma de su mano, pero jamás había visitado la casa de Marguerite. Por eso sabía adónde ir, antes de acudir a enfrentarla.

Volvió a poner el *"Porsche"* en marcha y, lentamente, viró hacia su izquierda. Una larga calle asfaltada, salpicada de pequeños comercios, la llevó hasta el lugar que buscaba.

Cuando ingresó al pórtico húmedo y oscuro de *"Le Coq Blanc"*, el encargado de la recepción del hotel, la recibió con su sonrisa más amplia, por detrás de un viejo mostrador de mármol maltratado por el tiempo y la desidia.

_ ¡Es un placer volver a verla!

Agnes no dudó de la sinceridad de aquel recibimiento. Las propinas que allí había dejado por ciertos favores recibidos eran, sin dudas, magníficos recuerdos para aquel hombre de vientre abultado y dientes inexplicablemente brillantes y cuidados.

Ella le devolvió apenas la sonrisa. Miró directamente al tablero de llaves y esperó recibir la suya. Luego, tomó el libro de recepción y, como siempre, firmó bajo el nombre de Marguerite Genet.

Cuando llegó a su habitación –la misma que ocupaba en cada ocasión- al final del pasillo, sintió el alivio de no haberse cruzado con ningún huésped. Siempre había evitado esa clase de encuentros. Pero esta vez, por alguna razón, lo deseaba más que nunca.

Se arrojó sobre la cama, pesadamente. Le dolía cada músculo del cuerpo por la tensión acumulada. Su última discusión con André y la perspectiva de su inminente visita eran dos poderosas razones para mantenerla nerviosa y aun, en parte, malhumorada.

Tomaría una ducha mientras repasaba mentalmente algunas palabras que estaban destinadas a ser dichas, esa tarde. Quizás, recién entonces, cobraría fuerzas para empezar a enfrentar ese viejo plan que había estado allí, en la trastienda de su conciencia, todo el tiempo después de lo ocurrido. O, tal vez, desde mucho antes...

El encargado alzó la vista del periódico que apoyaba sobre el mostrador y que no parecía leer con demasiado interés, al verla regresar una hora más tarde. Se la notaba recompuesta, seguramente después de un largo viaje, pero la tensión no había desaparecido del rictus de sus labios. Otra vez ensayó su sonrisa bovina y se percató de algo que antes había pasado por alto, quizás por no prestarle atención. Quien decía llamarse Marguerite Genet era una mujer muy atractiva y algo en su mirada, oscura y profunda, indicaba que había tomado una gran determinación.

Por supuesto, él no hizo ningún comentario. Recibió las llaves de una mano que no parecía del todo firme, y con un gesto de asentimiento le indicó que de su parte, todo estaba bien, como siempre.

La relación jamás había prosperado más allá del saludo de bienvenida y un intercambio de sonrisas. De modo que esta vez no tenía porqué salirse de la rutina. "Marguerite Genet" había sido absolutamente clara el primer día que llegara allí, para explicar qué necesitaba hacer ella en ese hotel de dos estrellas, y había dejado órdenes precisas que el encargado había cumplido, rigurosamente. Su permanencia nunca había superado un día completo…

Agnes sacó dos sobres del bolso que llevaba colgado al hombro. En su interior estaban las cartas escritas hacía menos de una hora, en su habitación. Los colocó cuidadosamente sobre el periódico, en el mostrador. No esperó por la reacción del encargado, pero extendió uno de los sobres hacia él.

_ Tendrá que abrirlo. Adentro hay un instructivo, además de la carta en otro sobre. Por favor, sígalo al pie de la letra para enviarla. A esta otra, dele curso exactamente, mañana por la tarde.

Dicho esto, extendió su generosa propina por el servicio, pagó por su breve estadía y se marchó sin despedirse.

El viejo encargado se quedó largo tiempo mirando la

puerta por donde la había visto partir. En su expresión se plasmaba la sorpresa que aquella última carta le había deparado.

SIETE

La fachada era sencilla. Todo su aspecto era el de una verdadera casa pueblerina. Como la mayoría de las otras casas, la estrecha puerta de ingreso, de roble barnizado y ya deslucido por el tiempo, conectaba directamente con la acera.

A Agnes, siempre le había sorprendido aquel detalle, desde el día en que se acercara, cautelosamente, para cerciorarse de la dirección. La ausencia de un jardín era una razón de peso no tanto en su sencillez casi austera, como en una especie de tácita intención de que la casa pasara desapercibida y se fundiera en el paisaje general de la calle. Parecía ser el efecto buscado por todos los vecinos.

Avanzó con determinación, después de estacionar el "Porsche" a cierta distancia. Era consciente de que las pocas personas que andaban por allí, la miraban con extrañeza y curiosidad. La presencia de una forastera debía ser un hito de ruptura en la rutina de sus vidas.

"Voy a conocer tu casa, Marguerite ", pensó mientras su mano alcanzaba el llamador. "No debe ser gran cosa por lo que se ve".

En tanto en ese pensamiento se agitaba un desprecio indecible por la mujer que había dañado a su hijo, otra parte de sí comprendía que estaba allí en actitud reparadora. Pero tuvo que hacer el esfuerzo de recordarlo, para recuperar cierta compostura.

Marguerite en persona acudió al llamado.

_ Siempre supe que un día llegaría hasta aquí _ le dijo sin sorprenderse _ La estaba esperando.

Agnes no pudo evitar una mirada de extrañeza. No estaba realmente segura de la veracidad de esas palabras. ¿No sonaban, acaso, un poco insolentes? ¿Inapropiadas, al menos?

_ ¿De veras? _ preguntó mientras aguardaba por ser invitada a pasar _ No imagino cuál sería el motivo que te hizo pensarlo...

Marguerite sonrió, levemente.

_ Usted es... esa *clase* de madre.

Agnes se impacientó lo suficiente para sentir que el calor de la calle empezaba a sofocarla, en tanto el fresco interior de una sala en penumbra, parecía aún fuera de su alcance.

_ ¿De las que recorren kilómetros para dar con la ex –novia de un hijo desdichado?

Al momento comprendió que hubiera querido referirse a aquel encuentro, de otra manera. Pero era, evidentemente, demasiado tarde para rectificarse. Lo dicho, dicho estaba...

Marguerite la observó largamente. Luego, se hizo a un lado, indicándole que podía ingresar a su casa. Cuando ambas estuvieron cómodamente sentadas sobre sendos sillones de pana de un agradable color malva, Marguerite volvió a hablar.

_ De la desdicha de Jean Paul, soy la menos responsable.

Agnes jugó nerviosamente con sus manos sobre el regazo.

_ Esa es toda una acusación, mi querida. Pero no te preocupes por remediar nada. Estoy acostumbrándome a esa clase de comentarios... y eso que aún no conoces la otra parte de la historia.

_ ¿Puedo ofrecerle algo para beber? _ preguntó la muchacha, dándose por no interesada en el tema.

_ Lo que tengas. Estoy un poco sedienta.

Marguerite se alejó para retornar luego con dos vasos de limonada fresca. Su ausencia le permitió a Agnes escudriñar a su gusto en el lugar, sobretodo porque se había tomado su buen tiempo para regresar. *"Se está reponiendo del mal momento"*, se aseguró a sí misma.

Era una sala pequeña y modesta que conducía a una breve escalera de madera, detrás de una arcada y, seguramente, hacia el resto de las dependencias de la casa, puesto que Marguerite se había ido por allí.

Al regresar, el brillo en sus ojos era distinto; parecía haberse intensificado.

_ ¿Has tenido tiempo para darte cuenta de lo incómoda que puede hacerte sentir mi presencia?

_ Ya le dije que esperaba por usted_ acomodó la bandeja de servicio sobre una mesa baja _ Si no llegaba hoy, iba a ser cualquier día de éstos _ Marguerite se mostraba aplomada al continuar hablando _ Otra cosa ocupaba mis pensamientos... En realidad, me preguntaba por qué no me permitió extenderme en mi explicación, cuando me referí a usted como una *clase de madre*

_ ¿Eso hice? No me di cuenta...

_ Usted se respondió a sí misma con una pregunta.

"*¡Chica endemoniada! ¿Por qué te crees tan lista?*"

Trató de sonreír, aunque se percataba que lo hacía de un modo muy forzado.

_ De acuerdo _ alisó un pliegue imaginario de su falda para escatimar la mirada _ Retoma, entonces, tu pequeño comentario...

_ No es pequeño _ la rectificó Marguerite _ No debería serlo para usted, al menos. Creo *absolutamente* que las dificultades de Jean Paul son consecuencia de lo que usted le hizo como madre.

_ ¿Lo que yo le hice? _ se indignó Agnes _ ¿A qué te refieres, exactamente?

Marguerite le dedicó una mirada que anticipaba lo dispuesta que estaba a responder esa pregunta.

_ Nadie se convierte de la noche a la mañana en un ser posesivo y obsesionado por el control de la vida de quien dice amar. Nadie termina creyéndose el dueño de una persona... a menos que se haya sentido el objeto de pertenencia de otra, durante toda su vida.

El rostro de Agnes se había vuelto lívido y, por un momento, un silencio ominoso las envolvió. Era evidente que aquellas palabras habían actuado como verdaderos golpes contra toda ella. Se daba cuenta de que había perdido el control de la situación y se sentía desmoronar por dentro. ¡No había llegado hasta allí para eso, de ninguna manera!

_ Estás describiendo de un modo horrible…a la única persona que amé en este mundo _ las palabras salieron de su boca, lenta y roncamente.

_ ¿*Única*? _ Remarcó Marguerite _ ¡Allí está el problema! ¡Bajo esas circunstancias, él sólo aprendió a construir una suerte de excepcionalidad de quien estuviera a su lado y de sus propios sentimientos, de un modo…enfermizo! ¡No es horrible lo que digo de su hijo, señora Ducreux, es realista!

_ ¡Ya basta! _ se exasperó Agnes, sintiendo que esa maldita muchacha acababa de tocar su límite _ ¡Has lastimado a mi hijo y aun así pretendes darme lecciones como a una niña tonta!

_ ¡No estoy aleccionándola sobre nada, señora! _ También Marguerite se había impacientado _ ¡Usted ha llegado hasta mi casa con algún propósito, pero lo que no puede hacer es poner a su propio hijo en calidad de haber sido mi víctima, cuando sólo lo ha sido de usted, toda su vida! ¡Pensé que su razón para visitarme sería otra! ¡Nunca imaginé que vendría hasta aquí para defender lo indefendible!

Agnes sentía que su interior se transformaba en un pesado bloque de hielo. Permaneció contemplándola largamente, mientras perdía contacto con esa realidad que Marguerite se empeñaba en describir de un modo oprobioso. Hasta que dejó de sentir...

Cuando vio las lágrimas aflorar a los ojos de la muchacha, ella ya no estaba en condiciones de comprender el motivo.

_ ¡El me lastimó, señora! ¡Me lastimó tanto! ¡Y destruyó todo lo bueno del amor que hubo entre nosotros!

Su frialdad interior le permitía ahora recobrar el control, demostrar que podía retomar el diálogo, en buenos términos.

_ Marguerite... _ dijo, suavizando definitivamente el tono de voz _ No he venido a discutir contigo, te lo aseguro. Era otro mi propósito...

_ ¡Dígame cuál, entonces!

Alguien acababa de entrar a la sala, seguramente atraído por los gritos de ambas, pero Agnes no se percató de su presencia hasta que una voz firme y rotunda, atravesó el aire.

_ ¿Qué es lo que ocurre aquí, hija?

Agnes se volvió con brusquedad, a mirarlo. Era un hombre alto, de barba crecida y aspecto burdo; un hombre casi enorme.

_ Está bien, papá _ también Marguerite se tranquilizó _ Tal parece que la señora ya ha retomado su capacidad de razonar...

Agnes hubiera deseado volverse para desacreditar al momento, aquel comentario. Pero se dio cuenta enseguida de lo inoportuno que habría resultado. Además, la presencia del padre de Marguerite modificaba, sin dudas, toda la situación.

_ Señor Genet... _ le extendió su mano, sonriéndole de un modo encantador _ Soy Agnes Ducreux... la madre de Jean Paul Charriere.

Aguardó un instante por la respuesta a su valentía de darse a conocer.

_ Ese nombre no es agradable de escuchar en esta casa _ Sentenció con su vozarrón.

_ Lo sé – admitió Agnes, obligándose a un gesto de comprensión.

_ Papá... _ los interrumpió Marguerite _ desearía, si no te importa, seguir conversando a solas con la señora Ducreux.

_ ¡Con la madre de ese patán! _ Se exasperó el hombretón _ Usted no es bienvenida en esta casa y si hubiera sido yo quien le abriera la puerta, no estaría en nuestra sala.

Agnes sonrió a medias, con sarcasmo.

_ Sé reconocer la hostilidad en una mirada, señor Genet. No eran necesarias esas palabras.

_ De todos modos, papá _ insistió Marguerite _ te pido que nos dejes concluir nuestra conversación. Es... absolutamente importante para mí.

A regañadientes, pero como si no pudiera oponerse al deseo de su hija, el hombre abandonó el lugar, luego de echar miradas de advertencia al aire. Cuando quedaron nuevamente a solas, las dos comprendieron que el punto de retorno a su plática iba a resultarles sumamente difícil. Por eso, Agnes tomó la decisión de abordar de un modo directo lo que había ido a decir.

_ Jean Paul está, de momento, en internación psiquiátrica. Y comprende con toda claridad lo que la orden de restricción que solicitaste en la justicia, significa _ Cierta emoción regresó a su voz, quebrándola _ No volverá a verte, no volverás a verlo. El está...básicamente, fuera de juego, si puedo expresarlo así.

Marguerite acusó el golpe de la sorpresa por lo que acababa de escuchar.

_ ¿Internado en un... manicomio?

_ No dije manicomio.

_ ¿Había necesidad de llegar a tanto?

_ Gritabas a los cuatro vientos que debía pedir ayuda profesional...

_ Sí, lo sé _ admitió Marguerite, repentinamente desmoronada _ Pero me cuesta aceptar...que necesitara internación.

Agnes supo que había llegado el momento, el gran momento de la gran verdad.

_ Puedes regresar a París, totalmente tranquila y segura. El ya no volverá a molestarte _ se apresuró a decir Agnes _ Pero antes tienes que saber la verdadera razón por la que Jean Paul se quebró.

Recién en ese momento, Marguerite se dio cuenta que se había puesto de pie, al calor de la reciente discusión.

Entonces, con una lentitud que parecía parsimoniosa, se sentó.

OCHO

Los recuerdos llegaban hasta él como nubes oscuras y ligeras de una tormenta de verano. Parecían arrancadas de las que ya se disipaban sobre el borde superior del ventanal de su habitación. Pero aquéllas provenían de su propio interior atormentado.

Jean Paul sintió alivio cuando el doctor Moreau salió del lugar, dejándolo a solas con la enfermera que iba a suministrarle su medicamento. Las dos píldoras pasaron de su mano a la de él, mientras sonreía. Aceptó el vaso de agua que la enfermera le extendía y llevó su mano a la boca. Pero las píldoras quedaron atrapadas entre sus dedos, aun después de convencerla de que las había ingerido.

Cuando la enfermera salió de la habitación, Jean Paul las arrojó bajo la cama. Quería evitar a cualquier precio su efecto tranquilizador, casi de Nirvana. Tenía que permanecer lúcido para poder pensar y escapar de allí lo antes posible. Pero los recuerdos eran un problema. Taladraban su mente todo el tiempo y le quitaban fuerza a su concentración.

"¡Deja de recordar!", se ordenaba a sí mismo. "¡Piensa, piensa, piensa! ¿Dónde han guardado tu ropa?"

Había abandonado la cama y daba vueltas por la habitación, mientras el rostro de Marguerite, sonriente, llegaba hasta él para decirle que lo amaba.

Sacudió la cabeza intentando que la evocación desapareciera. De todos modos, comprendía que aquella sonrisa y aquellas palabras habían muerto en el pasado.

"¿Cómo voy a salir de aquí?"

Sabía que la puerta, desde luego, cerraba por fuera y el ventanal estaba protegido con los gruesos barrotes de una reja. Por un breve momento, se desmoralizó. Jamás lo lograría...

"¡Deja de perseguirme!" "¡Aléjate de mí!" Marguerite había dejado de sonreír. Apretaba sus libros contra sí, como buscando protegerse de él, de su cercanía. El la contemplaba sin comprender. Se sentía decepcionado. ¡Deseaba ser esos libros entre sus brazos, seguramente más importantes que él... porque había dejado de amarlo!

Entonces, Marguerite huía, corría lejos de su presencia, en tanto él regresaba a la realidad de su habitación inexpugnable...

Observó a través de la estrecha mirilla de la puerta, al enfermero que se acercaba para intercambiar unas palabras con el que se encontraba sentado frente a una mesa de trabajo, ubicada al final del corredor.

Iba a haber un cambio de guardia. Ya estaba familiarizado con la rutina de ese momento. Sabía que había un instante en que ambos estaban ocupados en firmar su entrada y su salida del lugar, respectivamente, y luego continuaban con una especie de breve conversación en la que, seguramente, el enfermero saliente ponía al otro, al tanto de las novedades de la jornada.

Si la puerta de su habitación no estuviera cerrada con llave, Jean Paul sabía que ése era el momento preciso para salir y huir sin ser visto. Porque sus guardianes estaban distraídos.

Marguerite regresaba de la misma oquedad por la que había desaparecido. Intentaba decirle algo y extendía sus manos como si quisiera volver a acariciarlo. *"¡No hagas esto!"*, le rogaba con el pensamiento, *"¡no ahora!" "¿No ves que estoy tratando de salir de aquí?"*

Pero esta vez su imagen permanecía firme, casi sólida, rodeada de una especie de luz que la embellecía aún más, si acaso eso era posible.

Jean Paul apretó los párpados, esperando que la figura amada se esfumara una vez más. Pero el recuerdo era insistente. Entonces, comprendió de dónde había surgido y por qué parecía luminoso...

Era Marguerite encendiendo un cigarrillo con manos temblorosas, mientras le decía: "¡Ya para con esto, por favor!" "¡No hay nada entre Jacques y yo, lo estás alucinando!"

Su rostro resplandeció por un momento sobre la fugaz llama del fósforo y luego intentó acercarse. Pero él la rechazó, enfurecido.

"¡Maldita sea!" "¿Por qué lo hice?"

Además, era ahora cuando comprendía lo que verdaderamente significaba *alucinar*. Había escuchado esa palabra a su alrededor muchas veces, últimamente.

Cuando estaba a punto de abandonarse al llanto, una mirada interior quedó detenida en aquel cigarrillo recién encendido. Entonces, dejó que Marguerite volviera a marcharse...

Con los ojos desorbitados por la excitación, observó a través de la mirilla de la puerta, los censores de incendio, empotrados en el cielorraso. Sabía que eran sumamente sensibles. Si pudiera llegar al corredor por alguna razón valedera o, al menos, creíble para el enfermero de turno...

Porque contaba con un golpe de suerte extra, esa tarde. El que acababa de tomar la guardia era Etienne, un fumador empedernido. Llevaba todo el tiempo su cajetilla de cigarrillos acomodada en el bolsillo superior de la chaqueta, de modo tal que con sólo extender la mano podía tomar uno con toda tranquilidad, junto con su encendedor barato. Luego, con su gordo dedo índice corría el siguiente a la boca de la cajetilla, para que aguardara su turno. Jean Paul se felicitaba por haber desgranado las interminables horas de encierro prestando atención a toda clase de detalles intrascendentes. El pequeño hábito de Etienne, era uno de ellos, y se había transformado en algo sumamente valioso.

Marguerite lo observaba desde un rincón en penumbra. Se sobresaltó porque esta vez no la había visto llegar.

"¡Hazlo, hazlo, hazlo!", le gritaba sin ninguna piedad, "¡Y que te mueras en el intento!"

Por primera vez, Jean Paul tuvo fuerzas para sonreírle: _ Ni aunque lo sueñes _ le respondió en voz alta.

NUEVE

André aún moqueaba, hipaba y sorbía el aire con dificultad, en medio de sollozos y estertores. Estaba muy ebrio pero ya no se daba cuenta. Decidió iniciar una larga conversación con el "Señor Ojos de Vidrio" que no se oponía a nada de lo que dijera. Más aún, estaba seguro que estaría en un todo de acuerdo con él. La idea lo relajó lo suficiente para acabar con su llanto.

_ Pensándolo bien... _ comenzó a decir con su voz pastosa de borracho _ Agnes siempre fue bastante extraña. Siempre... tuve la impresión de que algo en ella permanecía fuera de... mi alcance. ¡Fuera del alcance de todo el mundo, en realidad! Digo esto para que no pienses, estúpido venado, que alguna vez me creí eso de saber... lo que pensaba. Eso no era más que un juego para mí. O, tal vez, se me ocurría que se trataba de... un modo posible de brindarle afecto _ hizo una mueca cargada de desencanto _ Lo que *verdaderamente* ella pensaba, lo que consideraba lo más importante de sus pensamientos… jamás lo conocí. Y estoy seguro que Agnes no valoró nunca… esa clase de afecto.

Un acceso de tos interrumpió su monólogo y esto pareció exasperarlo. Cuando pudo dejar de toser y jadear, se puso de pie con cierta dificultad, hasta pararse exactamente frente al trofeo de caza que oficiaba de oyente de sus confidencias.

_ Hubo un tiempo en que no fue así _ continuaba hablando en voz alta con su cabeza de venado, como si estuviera seriamente convencido de que podía escucharlo _ ¡Sí, señor, tengo que admitirlo! Al principio, ella hizo el esfuerzo para que las cosas funcionaran. Había flores en los jarrones y música en el aire. ¡Teníamos un hogar! ¡Un verdadero hogar! Hasta recuerdo su pastel de manzanas horneándose y anegando la casa con su olor delicioso.

Sacudió la cabeza y las lágrimas volvieron a agolparse en sus ojos.

_ ¡Vaya, vaya! _ exclamó por lo bajo _ Mira la clase de recuerdo que acaba de aparecer…

Por un momento permaneció en silencio. Había inclinado su desmadejado cuerpo sobre el borde de una mesa de lustrosa caoba, para no perder el escaso equilibrio que conservaba. Parecía disfrutar íntimamente de aquella evocación, pero a último momento se negó a que la nostalgia le jugara una mala pasada.

Volvió al sillón y apoltronándose, continuó divagando.

_ Debo haber sido yo el que arruinó esa parte _ admitió _ ¿Por qué me alejé de ella si la amaba?

A pesar de su embriaguez, André comprendió de inmediato que había llegado hasta el borde mismo de su lado más oscuro. No era, precisamente, el lugar de sí con el que le agradaba enfrentarse, pero se dio cuenta que por alguna extraña razón, esta vez no podría salirse de allí a tiempo.

La última copa de *bourbon* medio vacía, que había abandonado sobre el brazo del sillón, regresó a su mano. Su mirada se había reconcentrado y detenido en algún punto imaginario. Estaba serio, casi circunspecto, cuando decidió continuar con su conversación solitaria.

_ Se quejaba demasiado la perra... _ mientras lo decía, supo que la magia de cualquier buen recuerdo se había disipado y ya no regresaría _ Nada era de su gusto, a excepción de nuestra cuenta bancaria, su ático, los viajes y nuestra casa en París. ¿Cómo creería ella que se conseguía todo eso?

Se incorporó una vez más. Una extraña inquietud comenzaba a invadir su ánimo. Se acercó a la ventana que le devolvía las primeras sombras de la noche, sobre el bello paisaje de Beauchamps. Esta vez le daba la espalda a su "confidente" y parecía totalmente olvidado de él. Pero al momento volvió sobre sus pasos, como reparando ese descuido. Lo miró fijamente, señalándolo con un dedo admonitorio.

_ También hubo un tiempo... en que no fui mucho más que tú en la vida de mi mujer. Sólo le faltó colgarme de una pared, como trofeo. Y eso porque supe cuidarme las espaldas...

Lanzó una risotada al aire, ya que acababa de encontrar sumamente gracioso su comentario. Pero aquella risa no fue más que un ruido hueco y gutural, que resaltó desagradablemente en el silencio de la sala.

_ ¡Claro que tuve amantes! ¿Por qué no? ¡Y ella lo supo desde el primer momento! _ tragó saliva al descubrir que esto era una especie de revelación para él mismo _ ¡No parecía importarle a la muy zorra! Cuando me dijo "¡te odio!" por primera vez, ya se había asegurado sus propios beneficios tras el divorcio, con su abogado…

De pronto, sentía un deseo casi incontrolable de descargar ese torbellino de violencia que empezaba a girar en su interior. Miraba a su alrededor buscando objetos que pudiera romper y arrojar contra las paredes, porque ésa era exactamente su necesidad.

_ ¿Sabes, ex –esposa mía? _ gritó al aire, girando sobre sí mismo y anhelando que ella hubiera estado allí para escucharlo _ ¿Por qué debería sentirme culpable de haberte sido infiel? ¿Por qué… si te encargaste de esa culpabilidad como de una hija bastarda que mirabas crecer a la distancia? ¡Ahora lo sé! ¡Ahora lo sé!

Decidió, finalmente, no hacer añicos el pisapapeles de cristal que adornaba uno de los rincones del *bureau*. Le bastaba con ponerse a gritar, fuera de sí. Una vena en su frente se había hinchado y pequeñas gotas de saliva escapaban de la comisura de sus labios.

_ ¡No fue justo!... _ una vez más las lágrimas pugnaban por salir, pero en esta ocasión, eran la consecuencia de su propio odio arrasando sus últimos vestigios de racionalidad _ ¡Jean

Paul fue tu víctima! ¡Y yo lo permití... porque detestaba a mi propio hijo! ¿Y sabes por qué, ex –esposa mía? _ Indudablemente, ya era Agnes su interlocutora imaginaria, en lugar de la estática cabeza de venado _ ¡Porque tú me hiciste a un lado por él! _ Otra vez su risa sarcástica y grosera retumbó en la habitación _ "¡Pobre André! ¡Pobrecito él!", podrían decir todos para burlarse de este imbécil e inmaduro marido tuyo, que no entendía la diferencia entre el amor de una madre y el de una mujer...

Hubo un brevísimo momento en que, extrañamente, volvió a sentirse sobrio, con esa sensación de la resaca cuando el alcohol y la sangre luchan por un retorno a la homeostasis perdida. Pero era demasiado pronto para eso. En realidad, era su animosidad transformándose en furia, que lo proveía de aquella sensación.

Su mirada seguía siendo oscura y ya había perdido su capacidad de fijación. Era estrábica, acuosa y el perfecto espejo de todos sus sentimientos agolpados en el medio de su pecho, como un huracán ingobernable.

_ Eras tú... eras tú... _ comenzó a decir por lo bajo _ la que desconoció esa diferencia...

La tormenta estaba a punto de estallarle entre las manos. No se contendría. No se contendría esta vez. Porque Agnes era... ¡una mujer despreciable!

DIEZ

Estaba oscureciendo. Llegaba la noche, a través de la ventana de la sala y Agnes recuperó, por un momento, su emoción. De pronto, pudo volver a conectarse con ella misma, cuando algo así como un escalofrío le recorrió la piel, en tanto sentía como si alguien estuviera intentando impedirle hablar y continuar hasta el final, aprisionando su corazón con una mano impía.

_ Estoy aquí para que sepas lo que ocurrió... después _ se permitió decir, pese a todo.

Marguerite la miraba desde su lugar en uno de los sillones de pana, alzando hasta ella unos ojos repentinamente cargados de temor y preocupación.

_ ¿Después? _ preguntó _ Después... ¿de qué?

Ya no había en Agnes ningún encono. El único indicio de incomodidad que perduraba en su rostro, era un ligero parpadeo nervioso.

_ Intenté decírtelo hace un momento pero me di cuenta de que trataste de soslayar el tema _ también Agnes volvió a sentarse, con lentitud premeditada.

_ No fue a propósito... _ comenzó a explicar Marguerite.

_ Está bien _ la interrumpió _ Deja que te lo diga ahora, de todos modos. Antes que olvide que esta decisión de hablar fue... un verdadero compromiso para mí.

Hubo un silencio momentáneo, denso y cargado de una ominosa promesa de revelaciones. La mano de hielo sobre su corazón se abrió de golpe, para dejar a Agnes en libertad de hablar. Un leve escozor sobre el borde de sus párpados estuvo a punto de anunciar unas lágrimas que nunca llegaron.

_ Esta es la única razón por la que estoy aquí. O, al menos, es la *auténtica* razón. Vas a odiarme mucho más cuando lo sepas, pero es necesario que me escuches hasta el final...

Agnes titubeó por un instante casi imperceptible, pero por último tomó algo del interior de su bolso. Algo que, una vez fuera de él, iba a impedirle cualquier arrepentimiento. Marguerite la miraba hacer, y un breve gesto de incomprensión y asombro atravesó su rostro, cuando vio aquel fajo de sobres blancos, atados con una cinta roja, como una herida abierta en mitad de ellos, sobre la pequeña mesa baja.

_ ¿Qué es esto? _ preguntó con un hilo de voz.

Si algo recordaría Marguerite más tarde, sería aquella extraña y tenue sonrisa de Agnes, al responderle: _ Estas son... tus cartas.

Había hecho el esfuerzo de imprimir un notorio pero impostado tono de naturalidad a su voz. Luego, dejó que su espalda descansara contra el respaldo del sillón y, ante el silencio de Marguerite, continuó explicándole: _ Tú las escribiste para Jean Paul. Estaban en casa, bajo llave, en su escritorio. Tuve que recuperarlas... para devolvértelas, por fin.

En los ojos de la muchacha podía leerse toda su extrañeza como en un libro abierto.

_ Yo... jamás... ¡Jamás escribí esas cartas!

_ Desde luego, Marguerite. Tú y yo sabemos eso. ¿No ves que están escritas a máquina? Supuse que Jean Paul conocía tu letra, de modo que...

Marguerite nunca tuvo en claro si Agnes continuaba hablando o se había detenido exactamente allí. Ella ya no podía escucharla y la sensación era la de estar observándola a través de un cristal que le impedía no sólo oír sino, además, verla por fuera de cierta distorsión que una especie de claroscuro sobre su imagen, le otorgaba. ¿Qué estaba diciendo «¡por Dios!» esa mujer? Tampoco supo en qué momento las palabras se agolparon en su boca y comenzaron a salir, como a borbotones, ante su propia incomprensión.

_ Usted... ¿Usted escribió *eso* para Jean Paul?

Ahora y por fin, la tranquilidad de Agnes era absoluta.

_ Tuve que hacerlo. Jean Paul sucumbió a un colapso nervioso cuando lo abandonaste. Intentó suicidarse... Hubiera hecho *cualquier cosa* por él _ su mirada descendió hasta el lugar donde aquellas cartas, por primera vez exhibidas frente a los ojos de la persona... ¿menos indicada, quizás?, parecían solitarias y patéticas _ Esto que te horroriza le salvó la vida.

Marguerite creía que como argumento, no dejaba de ser una obscenidad en sí mismo.

_ ¡Pero usted es su madre! _ estalló, indignada _ ¡No sólo le estaba mintiendo sino que...!

Un escalofrío de horror la detuvo.

_ Anda, dilo _ la instó Agnes con una mirada de la que cualquier determinación se había apoderado.

_ Tuvo que escribirle a su propio hijo... ¡como si fuera su mujer!

Marguerite quería deshacerse de aquellas palabras como de una pesadilla en mitad de la noche. Hubo una risa apagada por parte de Agnes...

_ Todo el mundo destaca ese detalle como si tuviera alguna importancia. Ni siquiera has leído *tus* cartas y ya estás recriminándomelo _ se encogió de hombros con absoluta soltura _ ¿Qué ven aquí? ¿Incesto? Es...ridículo. ¿Sería, acaso, un incesto *escrito* en lugar de actuado? ¿No se dan cuenta que eso hace toda la diferencia? Lo que escribí en esas cartas para mi hijo...lo hice en tu nombre. No es más que eso. ¡Hubieras visto a Jean Paul por aquellos días! Cuando la primera carta llegó a sus manos, fue suficiente para que toda su perspectiva cambiara...

_ ¡Ya lo creo! _ exclamó Marguerite, con un tono exaltado que no podía reprimir _ ¡Todo tenía que cambiar para él después de su acción... irracional!

_ No estás comprendiendo bien los hechos _ señaló Agnes con voz repentinamente monocorde _ No hay nada de irracional en esto. Le devolví a mi hijo la felicidad que tú le quitaste.

_ ¿Por cuánto tiempo? ¿Mientras durase su mentira?

En algún punto, Marguerite se dio cuenta que no iba a tener sentido entablar una nueva discusión con esa obstinada mujer, convencida de haber hecho lo mejor para Jean Paul. Intentó tranquilizarse y lo logró a medias.

_ El tiempo... _ meditó Agnes _ No es más que una jugarreta de la vida. No hay que pensar en él si quieres hacer bien las cosas...

_ No es el modo en que usted las ha hecho _ respondió Marguerite con dureza.

_ Esa es sólo tu apreciación personal. ¡No me hostigues, por favor! ¿No comprendes que está ante tu vista el más puro acto de amor de una madre?

Fue en ese instante que Marguerite entrecerró sus ojos para observarla mejor. Algo no estaba bien en ella. Agnes Ducreux no podía estar diciendo aquello, segura de enunciar una verdad. Permaneció en silencio, temerosa en ese momento, de generar alguna clase de catástrofe si refutaba sus palabras.

_ ¿Ves que no puedes oponerte a mi argumento? _ continuó Agnes, sin percatarse del estado de ánimo de la muchacha o tratando de ignorarlo, adrede _ El único punto donde debí volverme sumamente creativa, fue cuando tuve que convencer a Jean Paul de tu pequeño accidente doméstico. Una fractura en tu mano derecha te impedía enviar tus cartas manuscritas y te disculpabas por ello, asegurándole que escribir a máquina con una sola mano, implicaba todo un esfuerzo, pero él lo valía. ¿Sabes? Al principio, yo misma me impuse hacerlo de ese modo... No sé, tal vez sólo quería darle algo de veracidad a la situación.

Marguerite ya la escuchaba francamente horrorizada en su incredulidad acerca de los hechos. Y algo de esto no le pasó por alto a Agnes. Sus ojos oscuros la miraron con desdén.

_ ¿Qué? _ terminó preguntando _ ¿Qué parte de esto te parece inadecuada?

_ Agnes... _ Marguerite se decidió por un tono persuasivo _ Todo esto ha sido profundamente inadecuado. Puede ser cierto para usted que haya escrito estas cartas pensando en el bien de su hijo, pero algo no ha funcionado y usted lo sabe. Jean Paul está internado en una clínica psiquiátrica. ¿No es eso suficiente para que usted lo comprenda?

_ ¡Usted, usted, usted! ¡Usted por todas partes! _ se exasperó Agnes _ ¿Y tú qué, pequeña zorra?

Con un gran esfuerzo de su ánimo, resolvió pasar por alto la ofensa para poder responderle con cierta racionalidad.

_ Yo me limité a apartarme, a alejarme de él cuando las cosas se salieron de control. Hay un momento en que cualquier persona sabe que algo ha llegado a su fin.

Agnes aplaudió, suave y pausadamente, para mostrar toda su ironía en ese gesto.

_ ¡Bravo, muchachita! ¡Qué prolija eres para decir que abandonaste a mi hijo, hasta casi matarlo!

_ ¡No es así! _ se defendió Marguerite _ Nuestra relación estaba totalmente deteriorada a causa de sus celos irracionales, de su manera de tratarme como a un objeto de su pertenencia. Fue algo… ¡desquiciante!

_ De acuerdo _ exclamó Agnes, de pronto _ Conozco el final de la historia y no opino igual que tú sobre ella. De modo que sería inútil que discutamos el punto.

Marguerite sintió un profundo alivio. Había temido no poder salir fácilmente de sus propias palabras que, desde luego, no iban a conducirla a ninguna parte, tratándose de Agnes Ducreux.

_ ¿Por qué… me trae ahora estas cartas? _ preguntó, de pronto, con cierto temor agazapado y procurando apartarse de cualquier tono hostil.

_ Porque ahora te pertenecen. Deberías leerlas… antes de quemarlas.

_ ¡No haré nada de eso! _ otra vez volvía a exasperarse, lamentándolo _ Ni las leeré ni las quemaré. Voy a arrojarlas al cubo de la basura, simplemente. Es allí donde deben terminar…

_ Es tu decisión.

Agnes se puso de pie, bruscamente. Alisó su falda y acomodó el bolso en sus manos. Parecía dispuesta a marcharse.

_ Hay algo que aún no me ha dicho... _ aventuró Marguerite, incorporándose también _ Jean Paul... ¿respondió las cartas?

Agnes sonrió más para sí que para la muchacha. *"Aún te importa"*.

_ Contestó todas y cada una de ellas...

_ Entonces, ¿dónde están ésas que él escribió?

Esta vez sonrió para que no le pasara desapercibido a Marguerite.

_ Debería tenerlas yo. ¿No crees?

Un torbellino de respuestas se agitó en la cabeza de Marguerite. "Si éstas me pertenecen, las otras también. Después de todo lo que ha hecho, maldita mujer, no puede además especular con la situación". Pero permaneció en silencio, segura de que cualquier cosa que dijera no sería lo apropiado.

_ Creo que tienes derecho a decidir sobre las que llevan tu nombre _ Agnes se mostró, por un momento, sombría, casi entristecida _ Pero no es lo mismo con las que mi hijo escribió, porque te quedarías con la vulnerabilidad de su enamoramiento... y eso es algo que ya no estás valorando, Marguerite.

Por alguna razón, ella no pudo refutar aquel argumento. Aun cuando parecía tan retorcido como todo lo demás. Había algo de cierto en él, pero además, impostado, sostenido por una imaginación cuanto menos... febril.

Agnes buscó la salida y ya no se volvió a mirarla. Marguerite se quedó observando aquella especie de majestuosidad que la envolvía y no entendió cómo eso era posible. ¿No se suponía, acaso, que esa mujer sólo había llegado allí, para aliviar su conciencia, para marcharse luego, al menos, abatida? Pero tenía que reconocer que no era así como Agnes Ducreux se veía.

Había algo de todo lo sucedido en la sala de su casa, esa tarde, que regresaba a ella fastidiándola, pero de un modo sobrecogedor. Repentinamente, lo recordó. Eran unas palabras expresadas como al pasar…"*Sumamente creativa*", había dicho la madre de Jean Paul, al referirse a la excusa ideada por las cartas escritas a máquina. Entonces comprendió la razón de aquel malestar. No había incluido en su supuesta creatividad, a nada de lo escrito en aquellas hojas de papel que ahora estaban en su poder, lo que podía implicar como conclusión, que en esto se había sentido cómoda y experta, pese a haber ocupado un lugar ficticio, un peligroso lugar ficticio… para una madre.

De pronto, sólo pudo pensar en ella como en una antigua Yocasta, alejándose en silencio…

Se volvió a mirar las cartas abandonadas sobre la mesa, con su detalle cursi, la cinta roja que las sujetaba. ¿Qué haría con ellas? ¿Reuniría el valor suficiente para poder leerlas alguna vez? ¿O, simplemente, se desharía de ellas, como lo había asegurado?

Su padre regresó a la sala, arrancándola de su abstracción.

_ Será una suerte que jamás vuelva por aquí _ dijo.

Marguerite se percató del odio en su mirada. Y de la nerviosidad latente, en su voz...

O N C E

Etienne, el enfermero de turno, notó ciertos movimientos en el interior de la habitación 116. Se suponía que a esa hora, el efecto de la medicación suministrada tenía que haberse producido ya largamente. Era extraño, se dijo, y eso no tenía que estar ocurriendo. Era la habitación del chico Charriere; uno bien *chalado*, según él, que a su buen entender no estaba ubicado en el piso de "Tratamientos Intensivos", sólo porque sus padres tenían dinero suficiente para exigirlo así.

Se acercó con parsimonia a la puerta de la habitación para observar por la mirilla. ¡Maldición! ¿Iba a tener un turno de ésos? Su compañero le había asegurado que en el horario de la tarde, la tranquilidad había sido sólo comparable a la de los cementerios. Por lo general, un turno así era el presagio de una noche sin altibajos importantes. Los internos ya habían tomado su "pasaje al País de las Maravillas" y, excepcionalmente, podía producirse algún incidente. Si acaso ocurría, él sabía muy bien por qué. Era la vieja treta de siempre: alguno se quedaba con los sedantes en la mano. Se lo había dicho a Nöel infinidad de veces, porque esta chica era quien caía en la trampa con demasiada facilidad. *"Debes asegurarte que las pastillas terminen en el interior de nuestros loquitos"*. Cuando vio a Jean Paul puesto en cuclillas, en un rincón del cuarto, supo quién había repartido "la correspondencia" esa tarde. *"¡Maldita Nöel!"*, se dijo,*"¡ahora tendré que terminar su trabajo!"*

Etienne no era, precisamente, un hombre de gran paciencia. Pero se las ingeniaba para que todos creyeran que se trataba de un émulo de Job. La paciencia era una virtud necesaria en su oficio y no poseerla no era visto con buenos ojos, o podía acarrearle algún problema. De modo que Etienne maldecía todo el tiempo para sus adentros, como una forma de relajarse, por su simulación.

Volvió a su mesa de trabajo, en busca de la carpeta en la que se asentaba la rutina del día. Quería asegurarse de no cometer errores con la medicación del muchacho. *"Prozac"* y *"Tranquinal"*, leyó en la hoja de su historial clínico y pensó que estaban medicándolo con excesiva suavidad. *"Si de mí dependiera, tomarías medicina para caballos"*, se dijo entre dientes, mientras buscaba un manojo de llaves en el interior de uno de los cajones del escritorio. Cuando sus dedos chocaron contra el metal del llavero, volvió a maldecir ante la perspectiva de ingresar a ese cuarto para obligar a un loco a tomar sus pastillas y convencerlo de regresar a la cama. Ojalá no hubiera necesidad de recurrir a las correas, pero sería mejor que el chico no probara su límite.

Decidió cerciorarse de que aún estuviera en su rincón, antes de abrir la puerta. No quería sorpresas de última hora. Jean Paul permanecía en su lugar y parecía estar hablando con alguien. Lo que más le molestaba de ese niño rico, era su apariencia inofensiva. Etienne sabía que era más bien peligroso y que todo cuanto hacía era disimularlo, como él con su falta de paciencia.

Llevaba las píldoras en su mano izquierda y ningún vaso con agua. *"Las tomarás en seco, maldito"*. Cuando se producían situaciones como ésa, las reglas de seguridad indicaban que era mejor ingresar a las habitaciones sin ningún elemento que pudiera ser tomado como arma por los internos. Etienne sabía, por supuesto, que un vaso de plástico no podría ser jamás visto como peligroso por nadie. Pero…*"quién sabe"*, se dijo con sorna, *"si me arroja el agua a los ojos, puede cegarme por un momento y golpearme o vaya a saberse qué"*. En el fondo, era consciente que sólo estaba castigándolo por su maldita idea de ocultar sus píldoras por allí.

Ya se estaba muriendo de ganas por encender un cigarrillo pero la tarea que tenía por delante se lo impedía. Eso lo ponía aún más nervioso. Cuando abrió la puerta, con el sigilo que le pedía su prudencia, en realidad sentía deseos de derribarla a puro puntapié.

_ ¿Qué está pasando contigo? _ le preguntó con rudeza _ ¿No sabes que es la hora de los dulces sueños?

Jean Paul alzó su mirada, con expresión bobalicona. Fingía no comprender lo que le decía. Etienne no se dejó impresionar. Se acercó un poco más, mientras comprobaba por el rabillo del ojo que había cerrado la puerta con llave. Y que el llavero estaba seguro y guardado en uno de sus bolsillos.

_ Vas a tomar tu medicación esta vez. Como un buen chico.

Jean Paul le sonrió con picardía. Etienne le devolvió una sonrisa cargada de malicia.

_ No soy fácil de engañar. Me quedaré aquí hasta asegurarme que las pildoritas estén en su lugar.

_ Son difíciles de tomar sin agua... _ protestó Jean Paul.

_ Siempre hay cosas difíciles por hacer en la vida _ Etienne no se sentía precisamente un filósofo y le causó gracia su propio aforismo _ Ahora te metes en la cama y te las tomas.

Sabiendo que debía obedecer, Jean Paul se incorporó lentamente. Etienne tenía la oportunidad de observar todos sus movimientos pero, igualmente, retrocedió un paso. Desconfiaba a muerte de ese maldito y no le gustaba cuando un interno armaba una escena como ésa. Su instinto le decía que aunque la mayoría de las veces no se trataba sino del producto de su propia locura, en ocasiones se traía algo entre manos.

Cuando Jean Paul estuvo acostado, comprendió que no tendría más remedio que acercársele, porque estaba dispuesto a meterle él mismo las píldoras en la boca, si era necesario. Sin embargo, el muchacho ya no daba muestras de querer repetir su hazaña.

El medicamento llegó finalmente a su garganta, mientras Etienne lo contemplaba con cierto aire de triunfo. Pero entonces, Jean Paul se atragantó con las píldoras y comenzó a toser ruidosamente; parecía estar ahogándose.

Por un instante, Etienne se arrepintió de no haber llevado el vaso con agua consigo. El rostro de Jean Paul había adquirido un tinte rojizo subido y con sus estertores demostraba que se asfixiaba. Desesperado, se tomó con fuerza de la chaqueta de Etienne y lo atrajo hacia sí, como pidiéndole ayuda. Etienne golpeó su espalda y volvió a maldecir mentalmente. Todo lo que faltaba como complicación era que el chico se le muriera allí mismo, y él tuviera que explicar por qué lo había obligado a tomar sus píldoras en seco.

Pero, milagrosamente, Jean Paul reaccionó. El alivio volvió a la expresión de ambos...

_ No deberías hacernos tomar medicamentos de este modo _ se quejó Jean Paul, cuando pudo volver a hablar.

El enfermero le dedicó la peor de sus miradas y salió de la habitación, cerrando con llave una vez más; en esta ocasión, desde afuera.

※

Lo que había quedado plasmado en la boca de Jean Paul, mientras se entregaba a la profundidad del sueño que comenzaba a invadirlo, era una perfecta sonrisa. Su plan había resultado de maravillas...

Un cigarrillo y el encendedor de Etienne ya estaban ocultos bajo el colchón. Había sido sumamente fácil quitárselos, durante su supuesto ahogo, aferrando su ropa en un fingido estado de desesperación. Por la mañana, llevaría a cabo su segunda escena; justo cuando su acompañante terapéutico viniera a buscarlo para su primera salida vigilada al jardín, después de dos semanas de internación.

Mientras tanto, Etienne había dejado de sudar y se disponía a encender un cigarrillo, para descargar toda la tensión acumulada. Se sonrió, sabiendo que él no necesitaba darse esa clase de excusas por fumar. Su dependencia al tabaco lo llevaba a vivir rodeado de ceniceros, encendedores y cajetillas de cigarrillos, de un modo obsesivo. Pero poseía un defecto que más de una vez le había hecho caer en un ataque de nervios, cuando descubría que contaba con sus cigarrillos pero había olvidado su encendedor en otra parte. Como en esta ocasión, precisamente. Por suerte, él mismo corregía esta tonta distracción, dejando encendedores a mano, por todos los sitios que lo rodeaban.

Abrió el cajón de su mesa de trabajo, guardó el llavero y tomó su encendedor azul, sin recordar que otro igual había desaparecido del bolsillo de su chaqueta.

※

Por la mañana, Jean Paul sentiría sus párpados pesados. Tendría la sensación de que la somnolencia continuaba al despertar y no lo abandonaría fácilmente, aunque en general se disipaba durante la primera media hora de vigilia. Percibiría cierta dificultad para pronunciar las palabras, como si éstas se prolongaran, arrastrándose en el sonido de su voz...

El ya conocía muy bien esos síntomas y habían dejado de preocuparle. Había ganado algún tiempo de lucidez para preparar su plan, de modo que se sentía cómodo con aquel pensamiento y eso le resultaba suficiente.

Mientras tomaba un desayuno ligero en su habitación, se decía que lo importante era esperar que el sopor fuera desapareciendo lentamente para retornar a su anterior estado de lucidez. Toda la que se esperaba al menos de un loco, se dijo, sarcástico. Así podría observar detalladamente el recorrido que haría hasta el jardín hospitalario y, fundamentalmente, mantener el control de la situación que iba a provocar.

Cuando volvió a quedar a solas, después que retiraran el servicio de desayuno, dejó que su mano buscara con avidez el lugar bajo el colchón, donde había dejado depositado su pequeño trofeo quitado a Etienne, la noche anterior. Lo tomó para ajustarlo a su cintura, por detrás del borde elástico de su pantalón de uniforme. Allí pasaría desapercibido. Después, comenzó a caminar por la habitación, procurando mantener a raya a su propia excitación, mientras aguardaba por su acompañante terapéutico, aunque aún faltaban algunas horas para su encuentro con él.

Cuando éste llegó, ingresando al momento en que un enfermero le abría la puerta, su aspecto no lo decepcionó. Había temido encontrarse con algún grandulón, rudo y bien entrenado para neutralizar rebeldías de todo tipo, como era la mayoría del personal masculino, en ese lugar. Pero, por fortuna, Marcel Brigenat –según se había presentado- tenía una sonrisa afable que rara vez abandonaba su rostro, y era más bien, enjuto y delicado.

Le tendió su mano amigablemente y Jean Paul le devolvió el gesto, agradecido. Nadie había hecho eso con él desde que lo encerraran allí; volvió a sentirse tratado como un ser humano.

_ ¿Listo para nuestro primer paseo?

Jean Paul asintió con una sonrisa. El hecho de que él mismo se incluyera en el plan, lo involucraba de un modo agradable. Pero, por un instante, una idea lo distrajo, preocupándolo. Marcel Brigenat no sería un problema... No obstante, ¿qué del resto del personal que seguramente andaría por allí, muy cerca de ellos? ¿Con *cuántos* se toparía, en su marcha hacia la libertad? ¿Podría eludirlos a todos? Tal vez no sería ésta la ocasión más propicia para escapar y se haría necesario llevarla a cabo más adelante, después de una investigación del terreno que iba a conocer esa mañana.

De pronto, se dijo que no; que esperar por una segunda oportunidad no era una opción. ¡Tenía que hacerlo y ya! No había modo de cambiar esa circunstancia. El único detalle que le quedaba por ajustar era la elección del momento apropiado. ¿Lo haría antes de llegar al jardín o de regreso a su habitación?

Veía demasiado movimiento en el corredor, a través de la mirilla de su puerta. Las mucamas estaban en plena actividad a esas horas, de modo que sería mejor dejar pasar ese tiempo. Además, él se sentiría más ágil y repuesto un poco más tarde. "*Después*", se dijo con absoluta resolución.

Sabía que la puerta de doble hoja al final del corredor, permanecía abierta mientras se llevaba a cabo la limpieza, y eso ocurría hasta un poco antes del mediodía. Era un momento bastante oportuno: el personal estaba en la cafetería, las mucamas ya se retiraban, los enfermeros de guardia se relajaban y algunos hasta cabeceaban, en medio de una siesta. De no haber mejor oportunidad o lugar más propicio en su camino al jardín, o aun en el jardín mismo, allí estaba la ocasión que aguardaba.

Esperaba contar con un lapso de diez minutos entre su regreso a la habitación y el llamado al comedor, para los internos. Al menos, para los que estaban en condiciones de sentarse frente a su almuerzo. De ese breve momento dependía todo el éxito de su plan...

Caminó junto a Marcel, rumbo al jardín. Con cada paso, trataba de cerciorarse acerca de su estado físico y su capacidad de reacción. Cierta adrenalina extra, estaba agilizando su proceso de recuperación, y los efectos secundarios del medicamento desaparecían, sobre el telón de fondo de su propia ansiedad.

Jean Paul decidió involucrar a su acompañante terapéutico en alguna conversación que le resultara interesante. Pero tuvo que posponer su propósito por un momento, cuando llegaron al jardín.

Volver a respirar el aire puro, impregnado de aromas diversos y deliciosos, y la visión de aquel extenso parque salpicado de altos árboles que ofrecían su sombra como una promesa de paz, junto con los canteros de caléndulas y glicinas, y los rododendros creciendo contra las paredes que rodeaban el gran portón de ingreso, fueron de pronto, el reencuentro con un mundo abandonado dos semanas atrás: el mundo de los hombres libres, el mundo de los que aún conservaban su derecho a la felicidad.

Las lágrimas anegaron sus ojos. Se sintió repentinamente mareado y, en parte, enceguecido, como alguien que se enfrenta a una luz muy brillante después de haber permanecido mucho tiempo en la oscuridad. Marcel se percató de lo que le ocurría y él deseó haber podido encontrar las palabras para agradecerle su sensibilidad. Pero cuando se repuso, decidió dejar de lado cualquier flaqueza que lo apartara demasiado de su único propósito –el de huir de ese horrible lugar, para que un paisaje como aquél pudiera volver a formar parte de su vida cotidiana, en vez de embelesarlo.

_ Estuve enamorado de Marguerite durante un año completo _ se escuchó decir, de pronto _ Y, a veces, me parece que la amé desde siempre. Era la chica adecuada, pero lo arruiné todo entre nosotros y ella me abandonó.

_ ¿Aún la amas?

De la respuesta de Jean Paul dependía lo que diría a continuación. En su trabajo, había aprendido que comentarios cautos y consejos apropiados podían significar la diferencia entre una relación de confianza o una reacción terapéutica negativa, por alguna imprudencia verbal.

_ Eso es difícil de decir ahora...

_ ¿Te sientes confundido al respecto?

Jean Paul esbozó una leve sonrisa.

_ En realidad... debí estar confundido en el pasado.

Marcel arqueó una ceja, en un gesto que pedía una mejor explicación. De pronto, Jean Paul se impacientó.

_ ¡Tienes que haber leído mi historial clínico! ¡Sabes que en alguna parte, alguien escribió "sentimientos de obsesividad"!

Marcel volvió a sonreír para calmarlo.

_ Eso es sólo letra fría _ dijo _ Lo más valioso es escuchártelo decir...

_ ¿Lo escrito no cuenta? _ preguntó Jean Paul, dejando entrever cierta ironía.

_ Por supuesto que sí _ le aclaró Marcel, con una firmeza en la voz que le hizo sospechar acerca de su supuesta delicadeza _ Me refiero a que...

_ ¡Sé a lo que te refieres *tú* y sé a lo que me refiero *yo*! _ exclamó Jean Paul, en un pequeño estallido de ira _ ¡No uses poses conmigo!

Marcel estaba acostumbrado a toda clase de reacciones; eran el pan cotidiano en su trabajo, de modo que se mantuvo sereno y seguro, mientras aguardaba por el retorno a la calma de su paciente.

Este, por su parte, comprendió que conservar el límite de su racionalidad sería un buen aporte a la situación. Además, los efectos de la medicación prolongada habían logrado que aquellos estallidos se produjeran, no sólo con menos asiduidad, sino con cierto deterioro de su intensidad. Al menos, una parte de su censura interior le hacía saber que aquella facilidad para encolerizarse, había sido siempre un problema en su vida. En el pasado, en cambio, había creído en ella como en un elemento valioso para hacerse respetar por los demás. *"No es el camino"*, se dijo, *"vuelve atrás"*.

De pronto, soltó una carcajada que el aire propagó y alejó como un sonido inadecuado para el lugar y el momento.

_ Estás esperando que me calme, como se hace con los locos...

Marcel recibió con agrado el chiste y también rió. Sin que Jean Paul lo notara, dejó que él mismo retomara la conversación en el punto que quisiera. Tenía la habilidad de no forzar a las personas a decir nada que no desearan decir. Sabía que, antes o después, siempre terminaban haciéndolo.

_ Hablar de Marguerite en un lugar como éste, me hace ver cuánta felicidad desperdiciada forma parte de nuestras vidas. Y cuánto lugar ocupa todo eso. Cuando nos damos cuenta, ya no podemos movernos.

"Inmovilizado. Así es como se siente". Marcel tomó nota mentalmente y se dispuso a seguir escuchando.

_ Después, nos falta el aire. Pero por esa misma razón, no tenemos fuerzas para pedir ayuda _ concluyó Jean Paul. *"No como anoche"*, se guardó para sí, *"cuando actué para ese maldito enfermero"*.

Marcel sonrió de ese modo especial que confería confianza a los demás.

_ Es importante todo esto que dices _ lo alentó _ Es, en algún sentido, un buen modo de volver a recorrer el camino. Y descubrir las piedras que antes no habíamos visto.

Jean Paul lo escuchaba con atención. Seguía percibiendo esa agradable actitud de involucrarse, por parte de Marcel. Además, le parecía haber escuchado por fin, un comentario acertado. Aunque él estuviera pensando en otra *clase* de camino, donde también habría escollos que para su bien, sería importante que no pasara por alto.

"Alguien lo ha asfixiado. Ha caminado junto a él todo el tiempo, sin dejarle demasiado espacio propio". Marcel sabía que algunas personas que tendían a explicar sus problemas a través de las sensaciones en su cuerpo, habían permanecido demasiado tiempo a merced de alguna sobreprotección, en general a causa de una enfermedad infantil prolongada o una salud endeble.

_ ¿Recuerdas haber sido un niño enfermizo?

La pregunta lo sorprendió, en medio de un pensamiento que estaba atrapándolo lo suficiente para comenzar a distraerlo. Se había quedado entre las piedras de un camino supuestamente ya conocido y una pregunta sobre una infancia de la que podía evocar muy pocas cosas.

"Ya deja de hacerme hablar. Quiero pensar... quiero mirar a mi alrededor. Tal vez pueda escapar en este mismo momento"...

El encanto se había roto. Marcel podía ser un buen interlocutor pero él no podía permitirse olvidar su objetivo.

_ ¿Haber sido único hijo cuenta como enfermedad?

Marcel comprendió que la pregunta no tenía intención de esperar una respuesta, más allá de la ironía con que había sido hecha. Jean Paul se había distraído momentáneamente y él lo percibía...

No obstante, sin saberlo, había dejado caer del alma, la peor de sus verdades.

❋

El paseo en el jardín había concluido. El propio paciente lo había pedido, después de preguntar la hora. En general, era como a Marcel le gustaba que ocurriera. Era un modo de permitir que el enfermo tomara una decisión personal, en un ámbito en que todo era decidido por él. Pero en esta ocasión, no sentía que los hechos hubiesen acontecido en la sucesión correcta.

Jean Paul se había distraído como si hubiera perdido interés en la conversación que él mismo había provocado, para luego mostrarse inquieto, casi ansioso, en el lugar que antes le había parecido maravilloso y acogedor.

Ahora, mientras caminaban hacia el edificio de paredes tan blancas como los uniformes de todo el personal que andaba por allí, Marcel percibía su respiración acelerada. *"¿Qué está ocurriendo contigo, muchacho?"* Se lo preguntaba con verdadera preocupación profesional.

Jean Paul creía haber tomado la decisión correcta. Nunca hubiera llegado a tiempo para trepar al portón de ingreso. El personal de seguridad o cualquier enfermero se lo hubiera impedido, sin lugar a dudas. Prefería estar sudando un poco ahora, a dos minutos escasos de alcanzar el corredor de las habitaciones.

Con la primera mirada, apenas traspusieron la puerta, agradeció que el escenario estuviera dispuesto como él lo había deseado. Las mucamas ya se habían marchado y una rápida ojeada sobre las primeras habitaciones le permitió saber que los internos se encontraban lejos, en su hora de almuerzo. Lo bueno de esto era que casi todo el personal estaba con ellos, en otra ala del edificio.

Ni siquiera el enfermero de guardia se encontraba en su lugar. Todo estaba saliendo a pedir de boca. Sólo unos pasos más y llegarían a la habitación 116.

De golpe, se le heló la sangre. ¿Cómo podía haber sido tan estúpido? ¡Había descuidado un detalle importante! Marcel Brigenat buscaría al enfermero de turno mucho antes de llegar a la habitación para pedir las llaves. Eso lo complicaba todo, de modo que su plan de empujarlo al interior de la pieza, un segundo después de desatar el caos que le facilitaría la huída, aprovechando su desconcierto, acababa de fracasar antes de llevarlo a cabo. El enfermero también estaría allí y él no podría vérselas con ambos a la vez.

Jean Paul supo que el tiempo se había agotado y tenía que actuar en ese mismo momento. Lamentó dañar a la única persona que, junto con el doctor Moreau, se había preocupado por él con sinceridad manifiesta. Pero las cosas eran así y él no podía remediarlas.

Agudizó la vista para asegurarse que la puerta al final del corredor permanecía abierta, de momento. Un leve movimiento de vaivén en sus hojas, provocado por una corriente de aire, lo tranquilizó. Entonces, le pidió perdón a Marcel y cuando éste se volvió a mirarlo, sin comprender lo que le decía, el golpe del puño de Jean Paul cayó de lleno en su rostro, derribándolo.

Desde su lugar en el piso, semidesvanecido, Marcel había visto cómo Jean Paul encendía un cigarrillo. *"Los internos no pueden fumar"*, fue el pensamiento que acudió a su mente, aturdido por el golpe. Luego, la comprensión de lo que ocurría le llegó lentamente, cuando lo vio arrojar una bocanada de humo hacia los censores de incendio, ubicados en el techo. Una lluvia tupida y fría cayó sobre él, ayudándolo a reaccionar por entero. Pero ya era demasiado tarde...

Etienne, que llegaba desde alguna parte, y una de las mucamas que acomodaba botellas de cloro y aerosoles sobre un carro que retiraba de la última habitación, quedaron atónitos, buscando con sus miradas desorbitadas el supuesto incendio que había activado la alarma.

Permanecieron desconcertados, un largo rato: Etienne, la última mucama que aún se encontraba en el corredor, un par de enfermeras que traían en ese momento, pequeñas bandejas con medicamentos y otras personas que se incorporaban a la actividad y al movimiento habitual en el piso.

Por un breve instante, Jean Paul se percató de que sus cálculos sobre el tiempo disponible no habían sido todo lo exactos que la circunstancia requería y que el resto de su oportunidad sólo era cuestión de suerte, si sabía aprovechar la confusión causada.

Logró desaparecer por la puerta de doble hoja, que esperaba lo llevara exactamente al lugar que suponía: la salida de servicio. Pudo hacerlo, ajustadamente, un momento antes de la reacción de los demás que, al principio, no atinaron a relacionar nada entre ese hombre caído en mitad del pasillo y la potente alarma de incendio activada.

Correr frenéticamente por la escalera que lo llevaba a la libertad, casi descolgándose por ella, había sido su primer problema. Pero ahora, estaba a punto de llegar a la puerta que lo conduciría al exterior. Y éste era el problema número dos. Desconocía totalmente el terreno donde tendría que moverse; no sabía con qué iba a encontrarse allí y presentía, además, que ya todo el mundo estaría buscándolo.

Jean Paul se había convertido nada más que en un conjunto de reacciones nerviosas y químicas. Iba hacia adelante, sin ningún pensamiento concreto. Su mente era más bien un gran agujero en blanco que, de comportarse de otro modo, podía arruinarlo todo para él. Por eso, apenas vio el contenedor de bolsas con sábanas sucias destinadas a la lavandería, detenido a un palmo de la puerta para ser llevado hacia el furgón del camión estacionado afuera, se arrojó en su interior, mientras trataba que los latidos de su corazón se aplacaran.

Permaneció bajo las abultadas bolsas de plástico negro, en tanto un primer pensamiento comenzaba a formarse en su mente afiebrada. Estaba relacionado con Etienne, imaginando su expresión cuando comprendiera de dónde había salido aquel bendito cigarrillo. Tan sólo esto, logró hacerlo sonreír.

Un rato después, el camión con su contenido se puso en marcha, un poco antes que Marcel Brigenat pudiera hablar para decir por dónde lo había visto escapar.

A partir de ese momento, los problemas de Jean Paul tendrían que ir resolviéndose paso a paso. El tema de su ropa hospitalaria y el modo de conseguir un medio de transporte propio, estaban a la espera de su resolución. Mientras tanto, se permitía volver a pensar con serenidad: tenía que arreglárselas para llegar hasta la mujer que tanto daño le había causado, aun sin querer.

Pero él se lo haría pagar, de todos modos.

DOCE

La noche se había vuelto plácida y húmeda, después de la lluvia. Las nubes se movían ágiles, empujadas por el viento y, entre ellas, asomaba la luna derramando su luz blanquecina sobre el empedrado de la calle, haciéndolo brillar como a una serpiente adormecida.

Agnes, que había visto al padre de Marguerite observándola partir, semioculto tras las cortinas del ventanal que daba a la calle, se sintió de pronto, absolutamente agobiada bajo el peso de aquella mirada cargada de encono.

Ya no viajaría hacia ninguna parte esa noche. Estaba, sencillamente, exhausta y entristecida tras concluir con la dura tarea que se había impuesto. Se llevaba consigo la seguridad de haber arrojado oro sobre barro. Y eso la hacía sentir en el límite de su propia soledad.

Nadie iba a comprender jamás el sentido –el sentido *verdadero*- de lo hecho por ella. Y, bajo su propio agobio, de repente dejó de importarle...

Ese día rompería con su rutina y regresaría al hotel. No le quedaban fuerzas para conducir. Sabía que el encargado de "*Le Coq Blanc*" iba a sorprenderse. No sólo por su regreso en el mismo día –algo que jamás había hecho antes- sino porque esto era lo menos esperable de su parte, después que le entregara aquellos sobres.

_ Sólo me quedaré por esta noche _ explicó, apenas traspuso la puerta.

_ Señora...

Como era de suponer, esta vez el encargado no tuvo tiempo de acomodar su sonrisa de bienvenida. Pero atinó a extender su mano hasta la llave que Agnes aguardaba, sin quitarle los ojos de encima.

Ella se alejó hacia la habitación, con la misma majestuosidad que había impresionado a Marguerite. Agnes Ducreux era alguien que acababa de dar el primer paso hacia su infierno personal. Aunque estaba dispuesta a lograr que nadie se diera cuenta. En eso, las enseñanzas de su madre habían calado hondo en ella...

Si en ese momento hubiese sabido que su hijo abandonaría la clínica al día siguiente... de un modo más bien abrupto, una gran parte de sus decisiones habrían cambiado drásticamente. Al menos, en forma transitoria. En su situación, esto hubiera significado poder volver a llenar su vida de un nuevo sentido.

Pero Agnes Ducreux nunca llegó a saberlo.

※

Halbert Genet se volvió hacia su hija, contrariado.

_ ¡Se marchó como una reina en desgracia!

_ Papá... _ en la voz de Marguerite había cierto desacuerdo por el comentario.

De todos modos, se corrió hacia el ventanal para verla partir. No lo diría en voz alta, pero sabía muy bien a lo que su padre se refería. Agnes había abandonado el lugar como quien deja tras de sí una estela de dignidad ofendida. Pero cuando Marguerite la vio ascender al *"Porsche"*, estacionado en el extremo más alejado de la calle, no pudo dejar de notar cómo su fachada se derrumbaba, a ojos vista.

_ Sólo intentaba esconder su verdadero estado de ánimo _ concluyó.

_ ¿Y tú qué sabes? _ Se exasperó su padre.

_ Nada. No sé nada... _ se defendió Marguerite _ Tratándose de esa mujer, no es posible saber nada. Solamente imagino una razón para que te impresionara del modo que la describes.

_ Como si tú no...

Halbert no estaba dispuesto a dejarse engañar por la actitud de su hija. Pero al verla volverse hacia el lugar donde habían quedado abandonadas las cartas, una interrogación atravesó su expresión.

_ Ella las dejó _ Marguerite deseaba adelantarse a cualquier comentario _ Pero de momento no me pidas ninguna explicación. Ahora necesito pensar qué voy a hacer con ellas...

De repente, la mirada de aquel hombre basto y rudo, se enterneció.

_ Querida... no dejes que nada del pasado regrese para lastimarte.

Marguerite sonrió. Parecía un consejo adecuado; un buen consejo, de un padre a su hija. Pero una parte de ella misma no estaba segura de poder asimilarlo, y tembló por dentro. Una curiosidad la devoró de golpe: quería saber *qué* había supuesto Agnes Ducreux que *ella* hubiera escrito para Jean Paul.

Primero fue un latido insoportable, justo en medio de la frente. Luego, fue algo más intenso, como una corriente de fuego abriéndose camino hacia las sienes. Lo que despertó a André no fue la claridad avanzada del mediodía, sino aquel dolor que la resaca había encerrado en su cabeza y que se comportaba como un animal acorralado, tratando de huir por alguna parte, sin conseguirlo.

Tenía que incorporarse porque las náuseas comenzaban a ascender desde su estómago, donde un centenar de mariposas aleteaban al unísono. No obstante, una orden interior le demandaba permanecer acostado, porque todo su cuerpo parecía haber crecido mientras dormía, convirtiéndose en un enorme conjunto de músculos, nervios y huesos que dolían hasta el límite de lo tolerable.

Un quejido escapó de su garganta, seca y áspera como un desierto; había llegado el preciso momento de arrastrar ese cuerpo maloliente y dolorido, hasta el baño. Sin más pérdida de tiempo...

Cuando el malestar cedió en parte, después de vomitar hasta vaciar el estómago, fue al lavabo para arrojarse agua fría en su cara abotagada. Buscó aspirinas y antiácidos en el botiquín y cuando cerró su pequeña puerta, pensó que el rostro que le devolvía el espejo, podía asustar a cualquiera. Con más razón a él mismo, que lo portaba.

El sonido del teléfono le llegó, apagado y distante, en el momento en que se juramentaba no volver a beber una copa de *bourbon* por el resto de su vida. Fue a contestar la llamada, seguro de encontrarse con la voz de su socio al otro lado de la línea, preguntándole cuándo daría por terminadas sus breves vacaciones. Ese pusilánime siempre se las ingeniaba para arruinarle el ocio, recordándole todos los problemas que, por supuesto, él no podía resolver y aguardaban por su regreso. Eso lo sacaba de quicio y mucho más en un día como ése, en que su cabeza parecía haberse convertido en su peor enemiga.

_ Hola... _ la voz de André sonó como un estertor del infierno.

_ ¿Señor Charriere? _ la pregunta llegó para darle la seguridad de que esta vez no se trataba de su socio.

_ Soy yo _ respondió, molesto.

_ Lo estoy llamando desde la Clínica del doctor Moreau...

Eso fue suficiente para que su última obnubilación desapareciera, dando lugar a una repentina lucidez.

_ Lo escucho _ dijo, recuperando un timbre de voz adecuado.

Pero lo que oyó a través de la línea, volvió a sumirlo en una oscuridad temible y amenazante. Fue como un golpe en medio del pecho. Las piernas le flaquearon y tuvo que sentarse, dejarse caer en realidad, en un sillón junto al teléfono.

Una hora más tarde, después de una ducha y dos tazas de café cargado y amargo, conducía rumbo a París. El latido en las sienes no había desaparecido totalmente, pero se había atenuado lo suficiente para permitirle contar otra vez con sus reflejos en buen estado.

Tenía que encontrar a Jean Paul a como diera lugar y, por alguna razón bastante explícita para él, creía saber adónde iba a encontrarlo.

✺

Agnes decidió quedarse un tiempo más en la cama. La tristeza se había acentuado y, pese a todo, sentir el calor de las lágrimas que se escurrían, furtivamente, por el borde de sus párpados y rodaban sobre las mejillas como pequeños ríos rebeldes, no le causaba sino un extraño goce. Por eso permanecía allí, estática y con la mirada nublada y fija en el cielorraso, asegurándose que el transcurso de las horas no fuera para ella más que una lejana caricia de consuelo.

¿En qué parte de una lectura epistolar que estaba convencida que Marguerite no podría evitar, se encontraría ahora esa maldita muchacha? ¿Habría llegado ya al párrafo en que le pedía perdón a Jean Paul, por haberlo abandonado de un modo tan... impulsivo?

"Creo que me dejé llevar por mi propio enojo, mi querido. Creo que no medí las verdaderas consecuencias de esta acción y ahora, al llegar el arrepentimiento, me doy cuenta de todo el daño que te causé y que también me hice a mí misma..."

Agnes sentía cómo sus lágrimas ardían sobre sus mejillas acaloradas y se permitió un breve y único movimiento, para secarlas con el dorso de una mano.

Jean Paul jamás le había permitido leer las cartas escritas por ella misma. Pero haberlo visto resurgir de aquel mundo de oscuridad al que se había arrojado, hizo que le perdonara ese pequeño detalle egoísta. Nunca había habido secretos entre ellos pero bastó la presencia de Marguerite Genet en sus vidas, para que aquel tácito puente de unión, cayera estrepitosamente.

Marguerite volvió la primera carilla de la carta que estaba, finalmente, leyendo, mientras caía en la cuenta de que Agnes las había ordenado por fechas.

"Déjame tomarme un tiempo para recapacitar en todo esto. Lo necesito, mi amor. Porque cuando regrese a tus brazos, tendrás que saber que lo haré para siempre…"

Marguerite notó que aquella primera carta estaba escrita en un tono definitivamente cauto. Algo tenía que agradecerle a Jean Paul, y era el hecho de haber mantenido a su madre bien alejada de sus asuntos amorosos. Así, Agnes no había podido explayarse demasiado, ignorante de situaciones, momentos y palabras que habían existido entre ambos, debiendo permanecer en medio de frases almibaradas. *"Un verdadero asco"*, se dijo Marguerite.

Agnes, por su parte, sonreía a pesar de las lágrimas. Todo lo sucedido entre esa muchacha y su hijo le había sido ajeno hasta que él comenzara a anegar el contenido de sus propias cartas, con toda clase de recuerdos. No tenía dudas que Marguerite terminaría por detectar ese detalle y esto la haría estallar de rabia.

"¿Cómo crees que pude olvidar aquel momento? Había algo tan especial en tu mirada, esa tarde… ¿Que no te sentías seguro del efecto de tus caricias? Mi dulce Jean Paul, siempre superado por tu propia timidez. ¿Y qué pasó con tu inseguridad, después? ¿Acaso ya no recuerdas la pasión entre nosotros, el frenesí con que hicimos el amor?"

Marguerite dejó de leer abruptamente, mientras las hojas se deslizaban sobre su regazo. ¡Maldita Agnes Ducreux! ¿Cómo se permitía escribir de ese modo para su propio hijo?

¡Debió obligarse, al menos, a permanecer en aquella actitud de su primera carta! Era evidente que, en algún punto de su propia escritura, Jean Paul había cometido unas cuantas infidencias...

La sonrisa de Agnes era amplia y profunda. Seguramente, Marguerite estaría tomando de su propia medicina. Tendría ante sus atónitos ojos las palabras de amor más apasionadas, las *verdaderas* palabras que el amor deja caer desde el alma. Esto le haría comprender la clase de mujer fría e insensible que había sido, en realidad, para Jean Paul. No había sido un desperdicio dejarle esas cartas, después de todo. Marguerite iba a aprender una gran lección.

Y Marguerite, por su parte, comprendía... Pero no aquello que parecía ser tan obvio para Agnes, sino algo que le helaba la sangre. A medida que el tenor erótico se entronaba en lo escrito, en un *crescendo* inconcebible, de aquellas palabras no se desprendía que en algún momento del intercambio epistolar, él hubiera mencionado siquiera una vez, su arrepentimiento por todas las canalladas cometidas, las agresiones físicas y verbales, las amenazas y los celos propios de un loco. Como si nada de esto hubiera tenido nunca la menor importancia.

"Tus caricias enloquecen mi piel hasta el punto en que todo mi cuerpo se transforma en brasas ardientes..."

"Sí que fue maravillosa esa tarde, cuando hicimos el amor frente a los Campos Elíseos..."

"Jean Paul, mi vida, mi única vida, cuando volvamos a estar juntos, mi piel desterrada de tus manos va a reconocer el regreso de su absoluta felicidad..."

Agnes reía a carcajadas, olvidada de su propia angustia.

Marguerite, en cambio, sollozaba amargamente. El hombre que ella había amado, y no esa especie de monigote que había respondido a la impúdica farsa de su madre, era nada más que la convicción de su fracaso. Porque él jamás dejaría de ser quien era, de ser *como* era: alguien perdido en su propia locura, construida con los pedazos más ominosos de la locura de su madre. Alguien, simplemente atrapado, cazado como un animal indefenso, en las oscuras noches de su vida.

Estaba perdido para ella...

Agnes abandonó la cama, dispuesta a tomar una ducha. Se sentía, de pronto, completamente relajada.

Como si acabara de tener un orgasmo.

※

El viaje hasta París había sido largo, interminable. A pesar de la hora del día, el anochecer estaba aún lejano y esa luminosidad que uno creía aprehender con los sentidos del alma, cuando la ciudad ya se erigía como un manto arrojado sobre el borde del horizonte, se percibía a la distancia.

André sabía que un poco después, la torre Eiffel surgiría en el contraste de un cielo intensamente azul. El sol había vuelto a salir, cuando las nubes de la última lluvia veraniega se disiparon y, allí estaba una vez más, como le gustaba decir a Jean Paul, tras hacernos creer que podría haber caído en cualquier parte, mientras se encontraba oculto. Había tomado esta idea de cierta historia que Agnes le contara cuando era niño y que increíblemente conservaba en la memoria, aunque él no lo atribuía a ningún relato escuchado en su infancia. *"Es algo que yo pienso. Una tontería..."*, solía decir, con su sonrisa a medias.

De modo que con el tiempo iba a superarlo todo, rememoró André, de pronto. Esas habían sido las palabras de la discordia entre él y su ex –mujer. Pero allí estaba lo ocurrido, para darle la razón. Nada parecía superado para su hijo que acababa de escapar de su lugar de internación.

André masculló una maldición, cuando alguien se le adelantó en la autopista, obligándolo a un movimiento brusco y riesgoso, con el que cambió de carril abruptamente. El mismo impulso –pese a lo peligroso de la maniobra- le permitió ingresar a la vía rápida que llevaba directamente a las puertas de París.

Cuando ya estuvo circulando por el ancho *Boulevard Bessieres*, recién entonces, se sintió en casa.

La voz vidriosa, desagradable y tensa de su ex –esposa, asaltó sus recuerdos cuando tomó por la *Rue* Duret, una calle tranquila del elegante barrio donde se alzaba la residencia de los Charriere; algo que alguna vez había llamado "hogar".

"¿Qué estás diciendo, mujer?", también su voz recorrida por la incredulidad, estaba ahora retumbando en el interior de su cabeza, que acababa de superar el mal trance de una resaca.

"¡Que esas cartas que está recibiendo nuestro hijo, están escritas **por mí**, no por esa poca cosa llamada Marguerite Genet!"

No había habido espejos donde mirarse en aquel momento. Sin embargo, él conservaba toda la sensación de haber podido contemplar sus propios ojos, saliéndose de las órbitas. ¿Era su impresión o en el modo en que su ex –mujer había modulado la voz, se inscribía algo así como un histrionismo particular... uno destinado a hacerle vivir ese instante de revelación, como un triunfo que jamás nadie podría arrebatarle?

André divisó su casa a la distancia y recordó que ya no formaba parte de su patrimonio. Si de triunfos había que hablar, la propiedad cedida para apaciguar un divorcio tumultuoso, en el que él no podía evitar comprometer su rol de marido infiel, era la gloria de todas las batallas ganadas por ella.

"¡Por unos cuantos cuernos que no significaron nada!", se maldijo André. Pero entonces, la pequeña punta oscura de aquel recuerdo de Agnes confiándole su horrible verdad, se reunió con la vorágine de un río que arrastraba más evocaciones y más horror...

Jean Paul lo había escuchado todo, tras la puerta de su habitación, como en una opereta cursi y mal actuada. El nunca olvidaría lo que había quedado atrapado en los oscuros ojos de su hijo: la misma mirada de su madre, asomándose al borde de un espejo donde era mejor no desear verse.

"*Jean Paul... mi chiquito*". Un reto de oquedades los enfrentó, descarnadamente. "*Algún día, madre... algún día, te mataré por esto* ". Su voz había sonado siniestra, pero fría y controlada, a pesar del mensaje.

André aparcó frente a la casa. Se veía vacía y solitaria. Era obvio que Agnes no había regresado aún de su viaje. Sacudió la cabeza y se dijo que aguardaría todo el tiempo que fuera necesario.

Como un centinela destinado a impedir la profecía.

※

Marguerite dudaba de querer avanzar en su lectura. Había llegado al punto en que ni ella misma podía recordar *quién* era la que escribía aquel relato: un rosario de confesiones de una mujer enamorada. Se preguntó si, acaso, la propia Agnes había terminado por perder la noción del verdadero lugar que ocupaba, aun oculto, en la escritura de esas cartas.

Le dolía la cabeza y decidió dejar de leer. Un arrebato de pudor quería imponerle la imposibilidad de continuar, mientras una curiosidad malsana le pedía que lo hiciera.

De haber estado en condiciones de recapacitar, se dijo, Jean Paul hubiera debido notar la falta de su estilo, la ausencia de algo tan íntimo y singular como la marca dejada por sus sentimientos, algo a lo que sólo él había accedido y no estaba allí, en medio de aquellas palabras: "su" Marguerite.

Entonces, se puso de pie, molesta consigo misma. Estaba pensando en términos de posesión. ¿Tanto había calado Jean Paul con su modo de sentir y proceder? El malestar se acentuó al comprender que en el fondo de su corazón, siempre había reservado un pequeño lugar a la espera del milagro que le devolviera a *su hombre enamorado*. Y dolía demasiado saber que eso no era más que una perfecta porquería. Ni siquiera, un sueño...

La realidad se le imponía en todo sentido: había tenido que abandonar París, como a una ciudad sitiada, para ella. Y abandonar sus estudios también, sin saber en qué momento iba a poder regresar para retomarlos. Se había quedado sola y abatida, en medio de una noche interminable. Ese había sido el precio pagado por su amor...

Y ahora, para complicarlo todo, se daba cuenta por la lectura de las cartas, hasta dónde había avanzado Agnes Ducreux en el conocimiento de sus secretos más íntimos. No estaba bien indagar en los secretos de nadie...

Y, aunque de estas cosas, la vida siempre se cobraba, decididamente la habían devastado.

Jean Paul había vuelto a imponerse mantener su mente en blanco. Sólo buscaba los puntos de contacto con el mundo circundante que le permitieran alcanzar su objetivo definitivo: lograr que su huída ingresara en un verdadero cono de sombras y se perdiera en la bruma del tiempo, hasta convertirse en un caso cerrado. No estaba dispuesto a regresar a aquel ominoso encierro aunque tuviera que ocuparse de ser un fugitivo, por el resto de su vida.

"Como el sol... cuando se disipen las nubes. Ya no debo estar allí, para sorpresa de todos".

Esa fue la primera idea que acudió a su mente, luego de violentar por dentro, la falleba de la puerta del furgón con una barreta. Por un momento, se quedó contemplándola en su mano y sopesando la utilidad de llevarla consigo. Pero, finalmente, decidió que podía terminar siendo nada más que un estorbo. La dejó sobre el piso y se arrojó del camión en movimiento. La altura del furgón le fue propicia para pasar desapercibido para su conductor, cuando echó a correr hacia una calle lateral, menos transitada.

Jean Paul se percató que estaba empapado en su propio sudor y tuvo que apoyarse contra una pared para recobrar el aliento. Hasta allí todo había salido bien, pero se dio cuenta de que algunas miradas sorprendidas comenzaban a observarlo. Fue cuando decidió que su siguiente paso tendría que ver con hacerse de alguna ropa que reemplazara ese maldito mamarracho hospitalario que llevaba puesto.

Miró a su alrededor, tratando de controlar su desesperación. Sabía que para llevar a cabo sus próximas acciones tendría que abandonar sus escrúpulos y hasta empeorarlo todo para él. Porque... ¡habría que golpear a alguien para tomar algo "prestado", entre otras cosas!

Afortunadamente, vio acercarse despacio, a quien iba a resolverle su acuciante problema...

Agnes dejó el hotel por la tarde. Había necesitado un descanso verdaderamente reparador. Notó otra vez ese leve ronroneo del motor del *"Porsche"* y le pareció un poco más fuerte que la noche anterior.

La perspectiva de un largo viaje a París le hizo pensar que estaba en dificultades. Quizás, se quedaría a mitad de camino si había algún problema con el coche. Nada más que por eso, la opción de visitar Nantes se volvería remota, a menos que solucionara el problema a tiempo. En cambio, tomarse unas vacaciones en la playa, ya había sido descartado por completo.

Tenía que llegar a París cuanto antes, si quería hacer las cosas bien. Era consciente que, por la tarde, cierta correspondencia iba a ser despachada a su destino, porque ella así lo había pedido. Entonces, sería mejor no perder un tiempo precioso, ya que ahora comprendía que el tiempo era…una jugarreta de la vida. De esa manera se lo había manifestado a Marguerite y todo lo que esperaba era que esa estúpida criatura dañina, lo recordara más tarde, si acaso quería alcanzar alguna sabiduría.

Quizás, sólo un corto paseo por Nantes, no más que eso. *"Distracción para relajarme"*, se dijo. Dudaba seriamente que deseara volver a ver el ático, regalo de André.

Por las dudas, optó por ir en busca de su mecánico, antes de abandonar Puan definitivamente. Su estado de ánimo había vuelto a complicarse. Ya no se sentía relajada y, en algún recóndito lugar de sí misma, sintió que eso no era bueno para ella ni para lo que iba a enfrentar.

※

Aún conservaba las llaves y el asunto parecía casi un descuido por parte de Agnes. Por supuesto que corría con el riesgo de que hubiese hecho cambiar las cerraduras, pero se esperanzaba en que no fuera así. Después de tantas horas en el interior del coche, necesitaba estirar las piernas.

André avanzó por el camino de lajas que se abría paso por el jardín del frente y encaró con resolución la puerta de entrada, de nogal tallado.

Un giro y otro más. La llave en su mano no encontró resistencia. Eso era todo un alivio, de momento. No le importaba ninguna recriminación por haber invadido la reciente intimidad de Agnes, en la que él ya estaba de más como la nieve en primavera. Si eso era lo que ella iba a echarle en cara más tarde, tal vez su acción quedara neutralizada si lograba dar con Jean Paul y hacerlo desistir de cualquier propósito insano.

De pronto, se dio cuenta que estaba pensando en términos de imaginar a su hijo, dañando a su propia madre, para vengar su horrible y perversa mentira. No había podido olvidar sus palabras amenazantes y aquellos ojos vacíos de piedad con que la había mirado.

Lo horrorizaba comprender sin vacilar, los sentimientos que movían a Jean Paul, y compartirlos. Pero si había algo que aún podía hacer por su hijo, a pesar de hacerlo tan a destiempo, seguramente se relacionaba con impedirle arruinar aquello que todavía podía ser rescatado, en su propia vida.

El ruido de un motor al apagarse, a sus espaldas, le hizo girar la cabeza para mirar sobre su hombro, un instante antes de ingresar a la casa.

Una especie de hormigueo le recorrió el cuerpo, al reconocer a quien descendía de aquel coche deportivo, vestido con una holgada camisa de seda azul.

※

¿Ir en busca del viejo mobiliario desterrado de Beauchamps? La sola idea le causó gracia. No haría eso, seguramente. Mientras conducía hacia París, Agnes trataba de poner en orden todas sus ideas. Tenía que dar los pasos que se había propuesto y hacerlo de un modo que no diera lugar a ninguna equivocación de su parte...

Sonrió a medias. Pensar en errores no parecía tener demasiado sentido, a esa altura de los acontecimientos. No obstante, ser cuidadosa en los detalles, pensó, le reportaría el beneficio de no dejar dudas para nadie acerca de sus razones, ésas con las que todos se habían mostrado tan incomprensivos.

Repasó sus futuros movimientos, en una especie de sucinto plan de acción que incluía no descuidar ni siquiera el horario. La carta de la que era remitente, partiría hacia el correo esa misma tarde, y llegaría a destino en la mañana del día siguiente. Y si ese tonto encargado del hotel no cometía errores y era capaz de interpretar su instructivo al pie de la letra, Jean Paul se aseguraría de recuperar sus cartas, después de cumplir con su internación y recibir el alta del doctor Moreau.

No estaba segura, en realidad, acerca del tiempo que llevaría su tratamiento, pero su impecable intuición materna le decía que la curación llegaría muy pronto. En un lugar muy oscuro de sí misma, aceptó que ella había sido una verdadera "enfermedad" para su hijo y que él no era ya sino el síntoma de ella misma. Ahora, iba a ponerle remedio a todo eso. Jean Paul se curaría...

Por suerte, el mecánico que visitara le había restado toda importancia al molesto ruido del motor, por lo que contaba con llegar a París en tres horas, sin contratiempos. Volvió a sonreír cuando una idea que había estado perturbándola, incesantemente, trató de regresar a la superficie. El muchacho que revisara el *"Porsche"* parecía más bien novel en su oficio y se había impresionado gratamente ante el lujoso coche. "*¿Qué puede haber de malo en este monstruo?*", había dicho y, por un momento, Agnes se había preguntado si eso habría sido suficiente.

Abandonó la idea cuando decidió no comportarse como una paranoica, a última hora. Le gratificaba mucho más dedicarse a imaginar la expresión de André, cuando ingresara a la casa y la viera. Por esa única razón, no había removido las antiguas cerraduras. No quería ni siquiera esfuerzos extras... El acudiría, luego de leer su carta. Eso sería algo inevitable.

Se distrajo, cuando el ruido en el motor volvió a surgir, con insistencia.

※

Marguerite contempló por última vez, aquel despojo de papel quemado, convirtiéndose en cenizas, sobre el piso del hogar. Recordó la sonrisa de Agnes Ducreux al decirle que ésas eran sus cartas. Y aunque ella le había asegurado que ni siquiera se tomaría el trabajo de quemarlas, había terminado por hacerlo, sin saber muy bien por qué. Quizás, al final no encontró otra salida para deshacerse de ellas. Quizás, habían ardido en sus manos mucho antes de arder en el hogar.

Pero esas cartas, por fin, habían dejado de existir.

SEGUNDA PARTE

UNA JUGARRETA DE LA VIDA

TRECE

El invierno se había instalado en París, con crudeza inusitada.

La temperatura había descendido bruscamente para acompañar a los primeros días invernales y todo se había vuelto blanco y gélido.

La nieve se acumulaba sobre cualquier cosa que estuviera a la intemperie: en los bordes de las calles, en los techos de los automóviles estacionados, sobre los árboles de los parques. Los Campos Elíseos se habían transformado en un gran manto albo, cuya blancura bajo la tenue e insuficiente luz del sol, le confería el aspecto de un mundo espectral e inhabitado.

La Plaza de la República exhibía su fuente de los leones y su fálico monumento, convertidos en rígidos fantasmas y, en las aceras de todas las calles alrededor, la gente se movía sorteando la nieve que se acumulaba. Todos apretaban contra sí, sus abrigos, desesperanzados en cuanto a conseguir detener el efecto del frío.

El coche que avanzaba sobre el Boulevard Voltaire lo hacía sin prisa, asegurándose que el pavimento mojado por la nieve deshecha bajo las ruedas, no sorprendiera a su conductor tanto como para obligarlo a realizar alguna maniobra indeseada. Mientras éste se tomaba el tiempo para observar el desolado panorama que lo rodeaba, conducía ciertamente con prudencia. No era su recorrido habitual, pero esa mañana había decidido dar un paseo, pese al clima. El paisaje parisino bajo la nieve invernal era algo que siempre le había atraído. El costo adjunto era, desde luego, la dificultad del tránsito.

Algunas calles más adelante, al llegar a la *Rue* de Montreuil, tomó la decisión de partir directamente hacia La Bastilla. Una vez allí, hizo lo que siempre había hecho a lo largo de veinte años. Ingresó al estacionamiento que se abría bajo el edificio de diez pisos, de oficinas vidriadas, ascendió al segundo nivel por un largo camino sinuoso de doble vía, estacionó el señorial BMW que conducía y caminó hacia la galería de elevadores, tomando el que lo llevaría hasta su lugar de trabajo.

Al llegar, en un gesto casi instintivo, André Charriere arregló el nudo de su corbata, al mirarse en el espejo de fino cristal que adornaba el pequeño vestíbulo de acceso a su oficina. Cuando traspuso la puerta, descubrió que todos los detalles de su cotidianeidad estaban allí, listos para repetirse, como un ritual al que no podía faltarle nada...

O el sortilegio se rompería.

_ Buenos días, señora Letour...

Su secretaria quitó las narices de una gruesa carpeta de expedientes y le sonrió del modo controlado en que lo hacía todos los días.

A partir de ese momento, André conocía el resto del "ceremonial" con el que su fiel secretaria lo recibía a diario.

Ella lo dejaba en libertad de ingresar a su despacho, acomodarse razonablemente frente a su escritorio y, entonces, llegaba con una humeante taza de café en una mano y la agenda del día en la otra.

André había aprendido a leer en su rostro de facciones clásicas y delicadas, qué clase de jornada le aguardaba. Esta vez se relajó, al verla aparecer más bien sonriente. Porque a decir verdad, Josephine Letour, no sonreía en forma rotunda o inequívoca, jamás. Al menos, él no la había visto hacerlo a lo largo de los trece años de conocimiento mutuo. Desde luego, André sabía que sus amigos íntimos la llamaban Joshe, una especie de diminutivo recortado y adaptado de su bello nombre. Si alguna vez él se había sentido tentado de llamarla así para relajar un poco su relación cotidiana, nunca se había atrevido a hacerlo. "Señora Letour" era lo único apropiado para comunicarse con alguien que había sabido mantener y alimentar una explícita distancia durante todos esos años. Frente a ella, la advertencia siempre surgía clara y notoria para André: "*Tú eres el jefe*".

En su fuero íntimo, y por razones de empatía, sólo la llamaba Joshe cuando recordaba su gesto de aprobación el día que viera la nueva decoración de su oficina. Todo el mobiliario y los detalles arquitectónicos anteriores habían sido removidos y habían desaparecido en un fin de semana, como por arte de magia. Era evidente, por su sonrisa a medias y algún comentario sobrio pero eficaz, que el cambio había agradado sobremanera a la señora Letour. Esto lo había tranquilizado. Por alguna razón, André no hubiera tolerado bien que su secretaria desaprobara el modo en que se había desembarazado de todo lo relacionado con el discutible buen gusto de su ex –esposa.

_ Alguien llamado L'Ereau preguntó por usted un rato antes de su llegada...

_ ¿L'Ereau? _ repitió André _ No creo conocerlo. ¿Dejó algún mensaje?

La secretaria negó con un movimiento de cabeza.

_ Sólo dijo que volvería a llamar.

_ Está bien _ se desentendió André de algo que no revestía importancia para él _ Vengo un poco demorado por el maldito clima. Las calles están desastrosas para conducir. ¿Qué asuntos tenemos pendientes?

El nada dijo acerca de lo placentero de su paseo porque desde ya que temía la desaprobación de su secretaria.

Ambos se avocaron al momento delicado del día: poner en orden citas, reuniones y problemas administrativos y organizar horarios para cada uno de esos temas. Afortunadamente, la señora Letour era diestra en el asunto de acercar a su escritorio cuestiones ya solucionadas, en su mayor parte. En ese momento, André se enteraba de las entrevistas que tendría por la mañana y con quiénes, quién almorzaría con él en *"Fouquet"*, cuál reunión con su socio sería ineludible, por la tarde.

Todo eso le permitía evaluar la intensidad de su actividad del día y la hora en que llegaría a casa. En ocasiones, rectificaba el horario de algunos encuentros o pedía ver otras carpetas, distintas de las que la señora Letour había dispuesto para su revisión. Sabía que estas pequeñas modificaciones de la rutina no eran del agrado de su secretaria. Y nada más que por no fastidiarla demasiado, trataba de hacer sólo aquellos cambios que eran estrictamente necesarios.

Era el modo en que ellos habían construido su relación. El respeto mutuo se había convertido en una verdadera regla de oro y ambos sabían que jamás sería transgredida. Hacía ya muchos años que André había abandonado la idea de abordarla de un modo diferente, de *aquel* modo que siempre se encendía en su cabeza como una roja y luminosa señal de alerta, cuando estaba frente a una bella mujer. Pero dos razones habían apagado aquella señal hacía ya algún tiempo: una era la disposición de la señora Letour desde el mismo día en que se conocieran, y la otra tenía que ver con el transcurso del tiempo y lo que éste había hecho en los atributos físicos de su secretaria.

Su gusto por las mujeres jóvenes y atractivas se había convertido en una verdadera calamidad para sus votos de lealtad matrimonial. Pero ahora que se encontraba en absoluta libertad para escoger sus amoríos, se daba cuenta que aquel *savoire faire* que la infidelidad le provocaba, había desaparecido algún tiempo atrás. Quizás, se dijo, por la sencilla razón de que ya no era infiel a nadie. No era fácil de explicar cómo se perdía el placer de lo prohibido pero, aun así, sentía que podía confiárselo a sí mismo: a sus cincuenta años y sin Agnes a su lado, la búsqueda del cazador había perdido sentido.

Marlene Dumont, una bella divorciada de treinta años que conociera una noche a la salida del teatro, había tardado nada más que dos horas frente a una taza de café, en convertirse en su última amante. Pero si André quería ser *técnicamente* correcto, tenía que admitir que Marlene había *conseguido* ser su amante sólo una semana después... cuando él logró superar su transitoria impotencia.

Aquella primera señal de alarma lo mantuvo preocupado durante algún tiempo. Había leído en alguna parte que la vida sexual de los hombres que alcanzaban la edad madura, podía sufrir cierto deterioro, a causa de razones más psicológicas que físicas. No obstante, lentamente, su cuerpo fue acostumbrándose a aquella nueva cualidad.

La impotencia lo abandonó, afortunadamente, aun antes de pensar en una consulta médica. Pero lo que regresó de su deseo, maltrecho por aquella experiencia, fue algo más bien desilusionante. Se había convertido en un hombre cuyo apetito sexual se había esfumado del centro de su vida y, tal parecía que lo había hecho de un modo definitivo. Sus relaciones carnales se convirtieron en pura rutina y Marlene Dumont no tardó en presentar sus quejas.

_ Señor Charriere... _ la voz de la secretaria por el teléfono interno lo sacó de su abstracción, justo a tiempo, cuando la idea de dejar a Marlene comenzaba a emerger de sus pensamientos.

_ Sí, señora Letour...

_ Nuevamente el señor L'Ereau está al habla.

_ Póngalo, por favor.

André volvió su mirada sobre las fotografías en un ángulo del escritorio y se dispuso a recibir la llamada. *"Un nuevo cliente"*, pensó.

_ Lo escucho _ se anticipó a decir, al oír el breve sonido metálico del cambio de línea.

_ Buenos días, señor Charriere _ una voz áspera y cansina le llegó del otro lado del auricular _ Mi nombre es Jacques L'Ereau. Soy el *detective* Jacques L'Ereau.

La pequeña rectificación al final de su presentación hizo que André se pusiera rígido en su asiento. Finalmente, había ocurrido...

Sus abogados le habían hecho la advertencia hacía ya mucho tiempo. Era probable que todo el asunto terminara en una causa penal, a pesar de la certificación médica presentada en su oportunidad. Y si esto ocurría, sólo significaba una cosa: no habría arreglo judicial y todo se convertiría, entonces, en una maldita complicación.

_ Detective L'Ereau... _ comenzó a decir André tras carraspear nerviosamente _ Creía haber llegado a un acuerdo hace casi dos años. Mi hijo Jean Paul estaba bajo tratamiento psiquiátrico por entonces... Pagué absolutamente todos los daños, incluida una sutura en la cabeza del damnificado...

Hubo una especie de silencio premeditado al otro lado de la línea.

_ No creo estar entendiendo nada de lo que me dice, señor Charriere... _ la voz del detective sonaba asombrada. Luego de tomarse un momento para asimilar su propia incomprensión, volvió al punto de su conversación _ Lo estoy llamando por un asunto delicado que nada tiene que ver con lo que usted acaba de mencionar.

Esta vez fue André el sorprendido. Y el silencio se hizo de su lado. Se sintió, de pronto, aliviado, pero al mismo tiempo, una alarma interior le avisaba que algo no estaba funcionando bien. Lo supo, cuando el detective concluyó con lo que tenía que decir.

_ Se trata de la muerte de su ex –esposa, hace más de dos años en la autopista a París.

Por alguna razón, algo se desmoronó dentro de André y arrasó con él en su caída.

_ ¡Eso fue un accidente! _ se apresuró a responder.

_ Sí, claro. Esa es la carátula judicial. Pero hay alguien por aquí…quiero decir, yo mismo, que tiene la "dichosa" costumbre de revisar viejos casos archivados. La mayoría vuelve al polvo de los archivos pero, en ocasiones, encuentro algunas cosas…interesantes. Y entonces me pongo a investigar…

Como conclusión de aquel discurso en el que el detective L'Ereau parecía más interesado en elogiarse a sí mismo que en cualquier otra cosa, la palabra "investigar" saltó a su comprensión, como una brasa al rojo vivo. Alguna vez alguien iba a darse cuenta de cómo habían ocurrido los hechos.

_ Sé a lo que se refiere _ estableció sin dilación alguna _ Yo también lo he sospechado todo el tiempo. Creo que mi ex – esposa… se suicidó.

_ ¿Suicidio? _ L'Ereau no abandonaba la sorpresa en el tono de su voz _ Creo que no, señor Charriere. Lo que creo, en realidad, es que la señora Agnes Ducreux fue asesinada.

Cuando la comunicación telefónica llegó a su fin, André se había transformado en alguien que, por primera vez, conocía lo que significaba temblar por dentro. Desde que viera al "Porsche" de su ex –mujer convertido en hierros retorcidos, después de estrellarse contra un poste de señalización, una idea lo había perseguido y acosado como un fantasma vengativo: Agnes se había quitado la vida mucho antes del modo prometido en su carta; aquella carta que, siniestramente, le había enviado a Beauchamps. Porque, se dijo, no había podido esperar por el encuentro con la muerte.

Lo que el detective L'Ereau acababa de decirle por teléfono, parecía provenir de alguien que le había arrimado un mensaje del infierno.

Una vez más dejó que su mirada volviera a las fotografías sobre el escritorio. Sabía que tenían todo un simbolismo para él. En una de ellas, recientemente tomada, se veía a Jean Paul, feliz y sonriente, como si ninguna secuela hubiera quedado en él, después de atravesar su propia pesadilla. La otra era mucho más antigua; de un tiempo lejano y ya olvidado, en que una escena familiar parecía arrojar sólo reproches desde su mismo efecto de inmovilidad.

Algo sabía André en ese momento: por ese día, el sortilegio se había roto.

CATORCE

El atardecer frío y despiadado había llegado sin que André se percatara del transcurso del tiempo. Había cancelado todas sus reuniones para permanecer encerrado en su despacho, después de dar la lacónica orden de no estar para nadie. Esta vez, no le había importado la opinión de su secretaria sobre el cambio en la rutina del día.

La jornada de trabajo estaba por concluir. A esa hora, cuando la señora Letour abandonaba el lugar antes que su jefe, golpeaba con suavidad la puerta del despacho para anunciarse, ingresaba con la pregunta de rigor y luego se alejaba en busca de su bolso y su abrigo, para marcharse.

_ ¿Algo más por hoy, señor Charriere?

_ ¿Cómo? _ André la contempló sin verla, con una mirada que regresaba de un lugar que, obviamente, estaba muy lejos de allí _ ¡Oh, no! Es todo, señora Letour, gracias…

La secretaria vaciló un momento, antes de retirarse.

_ ¿Está todo… bien?

_ Sí… sí, por supuesto.

La respuesta de André había sonado apresurada y nerviosa. Ella se sintió a punto de permitirse otra pregunta acerca de qué tan bien podía estar algo que, sin dudas, lo había tenido en ese particular estado de ánimo durante toda la tarde. Su jefe estaba verdaderamente perturbado y ella no dudaba en atribuirlo a la llamada de ese tal L'Ereau. Pero al pensarlo mejor, se dijo que no se trataba de un asunto de su incumbencia y, además, comprendía que él no estaba en disposición de hacer ninguna confidencia. *"Como corresponde"*, aclaró para sí. Y entonces, abandonó el despacho con su cotidiano saludo de despedida.

No era habitual que André se marchara del lugar después que ella. Lo hacía, en ocasiones; generalmente cuando se proponía concluir algún trabajo arduo o tedioso, para no regresar a casa con un problema volándole en la cabeza, como solía decir. La señora Letour suponía que eso era porque conocía de antemano que, en su casa, lo habían aguardado problemas mayores. En todo caso, ella sabía que, además, podía retrasarse a la espera de alguna compañía ocasional, de ésas que le habían hecho decir en el pasado *"si llama mi esposa, dígale que voy a llegar tarde. Estaré en una reunión de trabajo"*.

Los dos sabían que esa reunión era inexistente pero jamás mencionaban nada al respecto. Nunca había sido asentada en la agenda, pero la discreción de la señora Letour era proverbial.

Media hora después que su secretaria, abandonó el lugar, sintiéndose abatido. Después de apagar las últimas luces y dirigirse al elevador, André comenzó a notar que aquel abatimiento se estaba transformando rápidamente en una profunda inquietud.

Las palabras del maldito detective le volvían como una evocación cargada de una extraña maldad, mientras conducía sin rumbo fijo por las heladas calles de París. Ni siquiera sabía cómo había llegado hasta el coche y había abandonado el estacionamiento. Todo lo había hecho de una manera refleja y en un estado de absoluta abstracción.

"¿Suicidio? Creo que su ex –esposa fue asesinada…"

Sintió un escalofrío que no era producto del clima reinante fuera del calefaccionado ambiente del BMW. ¿Era su idea o L'Ereau había dicho aquella frase con toda la intención de colocar una brasa ardiente bajo su trasero?

¿Qué podía significar todo aquello? Si acaso existía una respuesta, André deseaba con todas sus fuerzas no dar con ella.

Otro giro de su estado de ánimo lo llevó directo a la nostalgia, por un tiempo que de pronto parecía perdido para siempre. No había sido fácil, después de la muerte de Agnes, reordenar su vida y su mundo. En esos seis meses transcurridos tras el divorcio, ya había sido bastante complicado volver a establecer los parámetros de cierto equilibrio existencial y seguir adelante en el camino, adaptándose cada día a su propia soledad. Porque una verdad que nunca se había atrevido a decirse a sí mismo, era que ninguna otra mujer –y había habido muchas- había llenado de sentido su vida, como Agnes lo había hecho. Aun en su modo áspero y discordante como el sonido de un diapasón desafinado.

Entonces, una vez lograda la restitución de cierta calma y aun a pesar del quiebre de Jean Paul «que no había sido algo fácil de sobrellevar», el terrible accidente de Agnes en la autopista a París, había sido un trallazo en medio de su espíritu acerado. Era algo que había conseguido doblegarlo en un sentido de desolación absoluta. Y con todo el problema de la huída de Jean Paul por resolver, por un tiempo creyó que iba a desplomarse como la vieja carcasa de un barco que naufraga. Pero, lentamente, su mar había vuelto a serenarse y de un tiempo a esta parte, había conseguido volver a navegar en aguas calmas.

A casi dos años y medio del accidente que le costara la vida, Agnes se había transformado nada más que en una fotografía sobre su mesa de noche. Ya no la odiaba ni la amaba. A veces, al contemplarla, pensaba en ella como en una desconocida. Había habido un tiempo en que se dedicara a pensar, cada noche antes de dormirse, si acaso en su último *pas de deux*, Agnes había terminado con su propia vida aquella misma tarde y su carta, cuyo contenido aún le erizaba la piel, no había sido sino su broma final.

Pero ahora, todo se ponía patas arriba, en la voz de un policía que llegaba para decirle que su vida se iba a transformar en una pesadilla.

Porque si la sospecha de L'Ereau llegaba a confirmarse, André estaba en condiciones de asegurar quién la había matado. Era alguien que en aquel aciago día, había contado con todo el tiempo necesario para hacerlo...

QUINCE

Llegó a su casa de la *Rue* Paul Valery, en un lugar retirado y tranquilo de L'Etoile. Después del divorcio, André había comprado aquella lujosa propiedad con la esperanza de haber dado con "la cueva" que su estado de oso en hibernación de aquel momento, requería. Al principio, había disfrutado de cada rincón y de cada objeto puesto allí, casi con el entusiasmo de un adolescente que lograba cortar con su dependencia, quedando fuera del alcance de la panóptica mirada de sus padres. Era una sensación de libertad que nunca había conocido antes, bajo la vigilancia de Agnes, siempre dispuesta al reproche, a veces innecesario.

No obstante, al tiempo comenzó a notar que su estimulante vida en el lugar iba desapareciendo lentamente. Algo comenzó a hacer notoria su ausencia, y los amigos o las amantes que lo visitaban con cierta asiduidad, dejaron de ser suficiente motivo para no percatarse de que sólo contaba con una verdadera compañía: su propia soledad.

Eso le ocurrió un día cualquiera. Aquella paradoja instalada en sus sentimientos, llegó de pronto, para quedarse. Así, todo se volvió bastante deprimente…

Con el transcurso de los meses, terminó por acostumbrarse a aquel triste cuadro de situación y pudo echarse chanzas a sí mismo. Finalmente, se insensibilizó lo suficiente para que *eso* dejara de importarle. Pero ese atardecer, casi noche, ya de regreso, todos los fantasmas sueltos de su casa solitaria, acudieron a recibirlo.

Hacía ya algún tiempo que su primer gesto de llegada consistía en encender las luces de la sala, de la cocina y del corredor hacia el dormitorio. Cuando llegaba a él, generalmente para arrojarse sobre la cama por un corto descanso, antes de la cena y con su traje aún puesto, comprendía que si había algo que lo desolaba abiertamente, era entrar a su hogar a oscuras. Otros encendían la televisión o escuchaban música de fondo. Él, en cambio, disfrutaba del silencio de "la cueva" pero jamás de sus rincones en penumbra.

Esta vez, alteró parte de su rutina y se dirigió directamente a la cocina, en busca de algún indicio de que alguien más había estado en la casa, para que el peso de su soledad no fuera tan intenso... aunque fuera sólo por esa noche.

La nota sobre la mesa con cubierta de linóleo, le devolvió cierta calma. Sí había habido alguien, por supuesto: su fiel cocinera que, como casi todos los días, le anunciaba qué había preparado para la cena y luego se marchaba. La nota incluía, a veces, algunas instrucciones acerca de volver a calentar en el horno o terminar la cocción, para tener una cena recién hecha.

En alguna ocasión, cuando la mujer había enfermado o había tenido que ausentarse de la ciudad, para visitar a su hija recién casada, André había resuelto el problema con comida congelada, comprada sin demasiado criterio de selección. Cuando esto ocurría, se sentía arrancado por la fuerza de su buen saber de *gourmet* y sin deseo de ejercerlo, en sus apresuradas compras de supermercado.

A veces, se limitaba a acudir a los brazos de Marlene, cuyo personal de servicio se las ingeniaba para alimentarlo. Pero últimamente se percataba que la comida congelada no era del todo, una mala opción.

Cuando el teléfono sonó, esperó, *deseó* que no fuera ella. Pero no tuvo tanta suerte...

_ ¿Dónde has estado? _ Aquella voz que antes le había parecido encantadora, empezaba a sonar chillona y latosa _ Estuve llamándote a tu oficina y no pude dar contigo.

"Gracias, señora, Letour".

_ Estuve demasiado ocupado, Marlene. Tenía trabajo atrasado y...

_ ¡Tu secretaria dijo que simplemente te habías marchado temprano!

"Gracias mil veces, señora Letour".

_ ¿Acaso crees que todo mi trabajo se lleva a cabo entre las cuatro paredes de mi despacho?

_ Sí, claro _ el tono de voz era irónico _ Conozco el pretexto de las reuniones y los almuerzos de trabajo. ¿Olvidas que hace un tiempo *yo* formaba parte de esas excusas?

No, no lo olvidaba. Había sido en una época en que complicó tanto las cosas como para salir con dos mujeres a la vez. "*Tiempo pasado...*", se dijo.

_ Marlene... _ iba a intentar quitársela de encima, con cierta elegancia _ Estoy un poco cansado. Ha comenzado a dolerme la cabeza y voy a acostarme temprano.

_ ¡No te creo! _ saltó, enfurecida _ ¡Sólo estás tratando de sacarme del medio para irte con alguna mujerzuela!

Cuando André cortó la comunicación, supo que había comenzado el principio del fin de su relación con Marlene. Pero no le importaba para nada en ese momento. En el fondo, sospechaba que eso era lo que había estado deseando desde algún tiempo atrás.

No tenía apetito pero iba a obligarse a comer algo, de todos modos. Anhelaba una buena copa de coñac más que cualquier otra cosa, si bien no quería beberla con el estómago vacío. Tenía tanto en qué pensar...

La sensación de que necesitaba ordenar los hechos del pasado se había transformado ya en una idea febril. Ahora estaba seguro que había sido descuidado con algún detalle, que había cometido algún error, que algo había olvidado y todo esto estaba a punto de cobrarse un alto precio en el presente.

"André, eres un verdadero estúpido", se dijo, sin ningún sentimiento de piedad hacia sí mismo. "No logras pensar las cosas por entero..."

Sabía que tendría que serenarse para conseguir que los pensamientos volvieran a su cauce. Nada iba a lograr con un extemporáneo ataque histérico que estaba a punto de derrumbarlo. Respiró hondo varias veces hasta sentir que los latidos del corazón dejaban de sonar como martillazos en medio de su pecho.

Fue por la copa de coñac, para beberla mientras se servía un bocadillo tomado del refrigerador. La cena que había estado aguardándolo en el horno, fue directamente al cubo de la basura.

El primer sorbo le permitió relajar parte de la tensión. Después de todo, quizás las cosas no estaban tan mal como suponía. ¿Para qué adelantarse a pensar lo peor, en lugar de esperar su encuentro con el policía, al día siguiente? Tenía que ser cauteloso y escuchar lo que L'Ereau tuviera para decirle, sin dramatizar.

Lo que en realidad lo inquietaba, era haber cometido el descuido de no haber pensado ni siquiera una vez, en todo ese tiempo… que Agnes hubiese querido pasar unas horas en Nantes, tal vez para deshacerse del mal recuerdo de su despedida en Beauchamps. ¿Por qué no, si su ático en la ciudad iba a proporcionarle toda la intimidad que necesitara para tomar valor, o para lo que fuera que iba a necesitar, un poco antes de llegar a París… para matarse?

Si en verdad buscaba una respuesta a esta pregunta, sólo tenía que hurgar en su propio egoísmo. En su fatuidad, convencido en el pasado, de haberla conocido demasiado. ¿No era, acaso, que actuaba de ese modo con todo el mundo? ¿O que, al menos, su propio hijo no escapaba a aquella ridícula y soberbia convicción?

Porque de no haber sido así, la idea de que Jean Paul había tenido la oportunidad de viajar hasta Nantes, después de robar aquel descapotable, tendría que haber cruzado por su mente, en algún momento. En cambio, era a Jean Paul a quien se le había ocurrido que su madre podría encontrarse allí. ¿Por qué había pensado *siempre* que su hijo la buscaría sólo en París?

Ahora, este pensamiento plagado de errores y de inservible convicción, estaba a punto de desencadenar la posible llegada de una verdad... aniquiladora.

¡Jean Paul había matado a su propia madre! ¡Había escapado de la Clínica del doctor Moreau aquel día, nada más que para cumplir con la horrible promesa que se había hecho a sí mismo!

DIECISEIS

¿Y qué hubiera hecho de haberlo sabido?

Porque durante todo ese tiempo, se había comportado de un modo tan necio que había supuesto, incluso, que la muerte de Agnes –por accidente o por suicidio- había liberado a Jean Paul de su propio derrotero hacia el infierno. Lo pensó alguna vez, frente a su tumba. *"Ahora, él ya no correrá el riesgo de cometer semejante error..."*

Y en eso había consistido todo su alivio, cuando las cosas se reacomodaron a su alrededor: un mundo sacudido por tanto estrago, que retornaba a su órbita ancestral.

La pregunta regresaba mientras conducía directo al Café *Junot*, frente a la *Place du Têrtre* donde se encontraría con L'Ereau.

¿Qué hubiera hecho?

"*Nada*". La respuesta llegó desde su propia oquedad. Desde la seguridad de haber defendido a su hijo, hasta encubrirlo si hubiera sido necesario.

Había sido un padre indiferente a su función parental, la mayor parte del tiempo. Trabajaba demasiado y se ocupaba del bienestar económico de su familia. Por entonces, creía con la misma fuerza de todas sus convicciones que eso era lo que correspondía, lo que se esperaba de él. Para el resto de las atenciones y cuidados que un hijo requería, estaba Agnes, a quien le sobraba interés y dedicación por su tarea materna, a ojos vista.

No pudo evitar sonreír al recordar cuánto había sufrido ante su imposibilidad de penetrar en aquella relación compacta, cuya simbiosis no permitía espacios extras para nada más. Sin embargo, el resultado había sido el desamor más profundo y decepcionante por parte de Jean Paul. Claro que eso había ocurrido a destiempo: cuando ya era muy tarde para revertir lo que el amor enfermizo de su ex – esposa había construido en su desamparado hijo.

Pero si hubo un dolor más fuerte que todo eso, había consistido para él en haber estado allí para presenciarlo todo, sin notarlo siquiera. Sin haber hecho absolutamente *nada* para evitarlo. Comprender algunas cosas de aquel pasado de escenas familiares mucho después, lo había convertido nada más que en un padre inservible para su hijo y en un cómplice adecuado de su ex –mujer.

Las lágrimas ardieron en sus ojos. Esta vez no iba a permitir que Jean Paul volviera a pagar precios tan altos que, además, no le correspondían. Iba a dejarlo a salvo de cualquier sospecha, a como diera lugar.

Cuando estacionó su BMW frente a la pequeña cafetería donde lo aguardaba el detective, esto ya era una determinación inamovible. André ingresó al lugar con pasos seguros.

_ ¿Señor Charriere?...

Jacques L'Ereau era un hombrecito de aspecto desaliñado, de complexión pequeña y vivaces ojos azules que parecían escudriñar más que mirar, y desaprobar más que comprender.

Cuando André extendió su mano para saludarlo, se sorprendió del modo en que lo hizo. Había esperado algo más delicado de sus manos delgadas y de dedos demasiado largos, que no iban de acuerdo con el resto del conjunto. Pero lo que recibió de L'Ereau fue un *verdadero* apretón de manos. Ese hombre, se dijo, era más sanguíneo y apasionado de lo que su aspecto trasuntaba. Hasta tuvo la impresión de que en una especie de sonrisa algo cínica, dejaba entrever cuánto disfrutaba con aquel malentendido básico. También su voz enronquecida parecía más apropiada para un "peso pesado".

André había acordado estacionar su coche de modo tal que el detective pudiera verlo llegar desde la vidriera de la tranquila cafetería, para que pudiera reconocerlo. En ese momento, se estaba preguntando si, acaso, ese astuto policía no contaba de antemano con todos los datos necesarios sobre su persona. Como para saber de quién se trataba, sin necesidad de haberse anunciado como el conductor del BMW azul. Era algo más bien esperable por parte de la policía.

Tras un gesto de asentimiento a su pregunta, André ocupó la silla vacía frente a L'Ereau. Perdió toda comodidad, en el momento de hacerlo. Se sintió absolutamente expuesto a aquella mirada penetrante e inquisidora.

"Escúchalo... Sólo escúchalo .El fue quien detonó la bomba..."

André sabía que se trataba del *"Porsche"*. Alguien había arruinado algo dentro de un automóvil que luego emprendería un largo viaje desde Nantes hasta París: una buena manera de deshacerse de su conductor. Tan buena, que si no hubiese sido por las fisgonas narices de un detective, nada extraño se hubiera descubierto en aquello que, por años, había pasado por ser nada más que un accidente.

_ Accedí al informe de la Compañía de Seguros donde figuran detalladamente todas las averías sufridas por el coche y, desde luego, sus costos precisos. Se pueden encontrar cosas interesantes muchas veces, en esos papeles de aspecto tan aburrido...

¿Qué pensaría hacer, finalmente, este desconcertante policía? ¿Iría directamente "al grano" o buscaría llegar al tema con algún rodeo? ¿Y qué sería peor de soportar?

Mientras Andrés se enredaba en medio de sus preguntas, el detective L'Ereau se decidió por no perder el tiempo en explicaciones. De pronto, reveló su interés por pasar rápidamente a lo más delicado de la situación, aunque la delicadeza no era una de sus virtudes.

_ Es la rotura en el depósito del líquido de frenos lo que llamó mi atención. Por otra parte, cotejé el informe técnico y descubrí que no había rastros del líquido en el interior del automóvil... y muy poco por debajo de él. ¿Alguna vez se ocupó de leer los detalles técnicos del... siniestro, señor Charriere?

A André le llamó la atención el modo en que definía al caso. Había dicho *siniestro*. Era, desde luego, una expresión típica del *argot* policial. Pero él tenía, además, toda la impresión de que esta vez la palabra había sido utilizada adrede. Para no tener que emplear otra palabra, a la que L'Ereau evidentemente quería dejar atrás: accidente.

_ Obviamente eso ocurrió por la terrible fuerza del impacto...

André deseaba mostrarse lo más racional posible con su comentario. No era que hubiera escogido decir aquello con alguna intención, ciertamente; pero le parecía oportuno no caer en algo que el policía terminara por definir como "asombro", de su parte. ¿O había otra palabra de la jerga para eso?

_ Que el depósito del líquido de frenos se rompiera, era lo más esperable del mundo _ le aseguró L'Ereau _ Pero tendría que haberse formado una enorme mancha bajo el vehículo. Precisamente, por el impacto...

_ ¿Y no fue así?

_ Había líquido de frenos a lo largo de los últimos doscientos metros en la autopista, como un reguero. Y ya muy poco, en el lugar en que el *"Porsche"* se estrelló contra aquella columna. La pérdida debió comenzar mucho antes, eso es seguro, pero debió ser muy leve al principio.

Un silencio helado se instaló entre ambos y sus miradas quedaron cruzadas y suspendidas en el aire, como estiletes de acero. André estaba seguro de haber empalidecido.

Cuando los ojos vivaces frente a él, se entrecerraron en un gesto de sagacidad, sintió que el piso desaparecía bajo sus pies.

_ Un terrible error de investigación de quien dio por cerrado el caso _ L'Ereau suspiró casi con resignación_ Ya no se trabaja como antes... En mis tiempos, alguien hubiera sido llamado cuanto menos descuidado, por esto. Y hubiera perdido los mejores ascensos de su carrera.

_ ¿No había, acaso, un freno manual en la cabina del vehículo?

André intentó recomponerse con su nuevo comentario de obviedad. Sabía que sólo intentaba ganar tiempo, aunque no tenía muy en claro para qué.

_ No iba a funcionar jamás, a la velocidad que ella conducía...

_ Sí, lo sé. Agnes era una experta al volante, pero solía beberse los vientos al conducir.

Bien, era hora de admitirlo. L'Ereau estaba dispuesto a derribar cada uno de sus argumentos. Eso sólo podía significar una cosa: estaba demasiado seguro que la probabilidad de un accidente era *casi* inexistente.

André decidió encarar, por entero, la explicación que era evidente que el policía se desviviría por darle.

_ ¿Cómo cree usted que ocurrieron los hechos, en realidad?

Los ojillos de L'Ereau se movieron en todas direcciones, bajo rápidos parpadeos.

_ No me pida interpretaciones subjetivas porque no se las daré, señor Charriere. Al menos, no en este momento _ alegó, deteniendo su mirada al final, sobre un rostro que intentaba denotar seguridad _ Me limitaré a exponer cuestiones técnicas. Esas que muy difícilmente pueden producirse de algún modo diferente al modo en que, en verdad, se produjeron.

"Bonito discurso. Ahora, suelta el rollo". André esperaba que cada una de sus facciones estuviera indicándole sólo un interés lógico. Y que aquel infierno de miedo en medio de sus entrañas, no tuviera la menor traducción en un rostro que se esforzaba por mantener sereno.

_ Usted sabe... _ continuó hablando el policía, en tanto sus ojos se convertían nada más que en dos finas líneas, surcadas por pequeñas arrugas _ Vamos a reabrir el caso. Todo el asunto descansa en el *modo* en que ese bendito depósito de líquido de frenos llegó a romperse.

André sólo lo interrogó con la mirada. Ya no se atrevía a preguntar acerca de nada.

_ Contamos con el equipo y la tecnología que nos dirá si el depósito ya estaba roto, al momento del siniestro.

Otra vez la palabrita. Iba a ser mejor que se acostumbrara a escucharla sin sobresaltos.

_ Eso no prueba nada.

Enseguida, André se arrepintió de lo que acababa de decir con aquel tono de voz que, además, había sonado casi altanero.

_ ¿Nada... de qué?

Ya sabía que L'Ereau no iba a pasarlo por alto, por lo que su arrepentimiento fue aún mayor.

_ Ese depósito pudo romperse durante el viaje, sin que ella lo notara. Y ser después la causa del accidente.

El sí que iba a emplear *esa* palabra, mientras pudiera hacerlo.

El detective L'Ereau se recostó contra el respaldar de su asiento, con un afectado aire de cansancio.

_ ¿Qué parte no ha comprendido, señor Charriere? _ Casi condescendiente, repitió la explicación _ El modo en que se rompió será un dato determinante. Nuestro laboratorio científico va a decirnos eso.

André sintió un vacío en el estómago y un vértigo inexplicable, sentado como estaba frente a la mesa de una tranquila cafetería.

_ ¿Significa...?

La pregunta fue tan temerosa que L'Ereau decidió hacerse cargo del resto.

_ Significa que si alguien lo rompió adrede, no lo pasaremos por alto.

La sensación de derrota había llegado, por fin. André creía haber arribado al límite de una conversación difícil.

Y, en eso, se equivocaba...

DIECISIETE

Nada había sido fácil para él, a partir de aquel día. Aun cuando había creído alcanzar el verdadero sentido de la libertad, no tuvo más remedio que comprender más tarde, amargamente, que casi siempre la vida terminaba por construirse con las sombras sobre una pared iluminada por cierto fuego encendido a nuestras espaldas.

Eso era lo que Marguerite le había contado una vez, de algo estudiado en la universidad, y Jean Paul estuvo seguro de haber encontrado la explicación a tantas cosas, incomprendidas hasta el momento.

El aire había sido liviano y transparente para él, sólo una vez... Hoy, apenas si podía evocarlo como un sueño perdido. No tenía dudas: pertenecía –siempre había pertenecido- al grupo de los que morían en el intento.

Todo lo hecho por romper con las dolorosas amarras de un pasado que lo ofendía, había sido en vano. Desde luego, ya había pasado por demasiadas decepciones, de modo que estaba preparado para simular que nada había podido con él. Y que estaba de vuelta para encontrar, por fin, un espacio en el mundo. Algo tan propio que obligaría a los demás a asombrarse de lo cómodo y desenvuelto que se veía, ocupándolo...

Era el lugar que siempre le habían negado. O, lo que era aún peor, que le habían permitido habitar pero a condición de no quedarse solo allí, jamás. Porque la soledad hacía daño...

Eso era lo que le habían dicho todo el tiempo. Y las ideas que se repetían hasta el cansancio a nuestro alrededor, terminaban convertidas en pensamientos propios.

Jean Paul ya estaba convencido que su decisión de aceptar la soledad como un estilo de vida, acabaría por devolverlo algún día al lugar de las paredes acolchadas. Esta convicción lo mantenía deprimido la mayor parte del tiempo. Pero él no conocía el modo de oponerse a aquel fatalismo. Mientras tanto, era toda una suerte haber aprendido a fingir...

"Después de todo lo que has pasado..."

"Se te ve muy bien, muchacho".

"¡Qué bueno que hayas podido salir adelante!"

"…tu enfermedad quedó en el pasado".

"Como la muerte de tu madre".

Grandes superaciones para grandes dolores. Si su memoria no fallaba, algún médico le había acercado aquellas palabras, alguna vez. Y a él le parecía que estaban siendo útiles en el presente. Mucho más que todo ese barullo y esa cacofonía que asaltaban su cabeza y sólo conseguían que él se empeñara en fingir aún más. Tanto, que estaba seguro que pronto podría pasar al segundo nivel: de fingir a no sentir. Casi imaginaba los pequeños carteles de anuncio puestos por allí, para que él lograra verlos oportunamente.

Entonces, el fuego a sus espaldas, ya no importaría.

Todavía recordaba el encuentro con su padre, en el viejo hogar, en París. Donde se suponía que el extraño *tándem* que su familia había sido, fue logrando reunir los despojos de sí misma, para ocultarlos bajo el tapete de la entrada, de modo de ocultar execrencias indeseadas, a ojos de los demás.

El odiaba la vieja casa familiar pero, por algún motivo, había regresado a ella como el único lugar reconocido, donde esconderse a lamer sus heridas. No obstante, por razones obvias, aquel regreso no había sido una cuestión tan dolorosa como necesaria. Había sido su primer acto *razonable*, después de huir de la clínica.

Su padre, ese hombre extraño y lejano que solía revolverle el cabello cuando era pequeño, como toda muestra de afecto y acercamiento, estaba de pie allí y parecía esperar por él. Eso, ciertamente, lo había sorprendido.

Al principio, le había costado un gran esfuerzo entender lo que intentaba decirle. Eran palabras incoherentes. Como el barullo que, a veces, asaltaba su cabeza. Luego, al esforzarse por prestarle atención, comprendió que todo se reducía al viejo latiguillo de los consejos que el mundo entero creía que le eran tan necesarios.

"¡No debiste hacerlo!"

"¡Vamos a regresar a la Clínica!"

¿*Vamos*? Parecía que este hombre asustado a quien llamaba padre, tomaba partido en su vida de un modo exagerado. Seguramente, era su falta de experiencia en el tema. "Vamos" era una palabra que le hubiera cabido, por excelencia, a su madre. Pero en "papá" sonaba patética. El no podía formar parte del equipo.

Así habían estado las cosas por aquel tiempo. Ahora, no podía dejar de reconocer que la ausencia definitiva de su madre había mejorado aquella relación, acortando la brecha entre ellos, de un modo sorprendente.

No se trataba, desde luego, de ningún milagro caído directamente del cielo a sus manos. Había sido difícil al principio porque él no sabía cómo construir acercamientos y daba la impresión que su padre los temía por anticipado. Pero aun con esa precariedad para comenzar a relacionarse, lo fueron intentando hasta lograr algo bastante cómodo para ambos. Y si quería reconocer algún beneficio obtenido de todo eso, a fuerza de sinceridad, no podía dejar de admitir que aquel primer consejo, cargado de ansiedad y de urgencias, había sido el acertado.

Sabía que había cometido errores y había hecho "una" grande, de manera que su regreso a la Clínica terminó siendo el mal menor. *"No dejaré que vayas a la cárcel"*, le había dicho su padre.

Todo lo que debió soportar por un tiempo, no había sido más que ciertas miradas de odio y fastidio por parte de Etienne, el enfermero. Y si acaso temió, al principio, convertirse en el blanco de su venganza, comprendió más tarde que aquel hombretón intolerante, no se hubiera atrevido a tanto en un lugar donde "sacar telarañas de la cabeza" costaba tanto como un viaje a Hollywood.

Se transformó en una especie de "enfermo modelo", tomó su medicación, asistió a sus sesiones de terapia, pidió disculpas a Marcel Brigenat. Seis meses después, el doctor Moreau lo declaraba oficialmente curado. Regresó a su vida cotidiana, a su departamento de soltero, dio su última asignatura en forma brillante, comenzó a trabajar en su profesión.

Todos se maravillaron del cambio logrado en su personalidad.

El se había limitado a retirar, un día, un conjunto de cartas de la caja de seguridad de un banco. Eran las cartas que él mismo había escrito hacía mucho tiempo, de las que se había apropiado su madre cuando el engaño cayó, como un sol muerto para siempre. Las guardaba ahora, en una sencilla caja de cartón sobre uno de los estantes de su biblioteca. De vez en cuando, al pasar junto a ella, se quedaba un largo rato observándola. Pero nunca la había abierto, hasta el momento. En lo que a él concernía, esa caja sólo guardaba fantasmas con olor a muerte...

No volvería a leer esas cartas. Y cuando se cansara de que nada más juntaran polvo en un rincón, las arrojaría al fuego. Mientras tanto, seguiría fingiendo hasta dejar de sentir...

Sabía que los demás no se darían cuenta de nada. Jamás notarían la diferencia...

DIECIOCHO

André se hundía otra vez en aquella mirada que parecía preparar el terreno donde inevitablemente resbalaría. Había lidiado toda su vida con ojos oscuros e impenetrables, de ésos que siempre delataban sus intenciones a destiempo. *"Pero los ojos claros son aún peores"*, se dijo, *"cuando pertenecen al rostro de un policía solapado"*. Porque no encontrar absolutamente nada más que frialdad tras aquella transparencia azul, era como dirigirse sin defensas... ¡a un cielo de diablos!; algo muy difícil de soportar, por lo incongruente.

Pero André comprendía que el asunto del que trataban era mucho más serio y peligroso que sus divagaciones sobre el color de los ojos y la intención de las miradas. Entonces, decidió volver a aferrarse con desesperación, al borde de esa mesa que lo separaba de Jacques L'Ereau, como si se tratara de una frontera que no estaba dispuesto a cruzar.

_ ¿Dijo que sospechaba acerca de un suicidio?

La pregunta llegó hasta el centro de su corazón como un rígido dedo de hielo. ¿Qué podía responder al respecto? ¿Cuál respuesta serviría para llevar, aunque más no fuera, una simple duda hasta las frías conjeturas del detective? ¿Sería pertinente mencionar aquella carta que Agnes le enviara a Beauchamps? ¿O sería preferible callar y dar por cerrado el tema? Después de todo, nunca había estado seguro de la relación de la carta con la muerte de Agnes en la autopista a París. Y mucho menos ahora que L'Ereau había dicho lo suyo.

_ No sé... _ respondió, con una voz enronquecida que le costó reconocer como propia _ Fue algo que pensé en algún momento.

L'Ereau se percató de que estaba preparándose para mentir, si era que ya no lo había hecho. El instinto de sabueso iba con uno a todas partes.

_ Supongo que ese pensamiento tendrá alguna razón de peso...

_ Habíamos discutido en Beauchamps, el día anterior.

_ Pero ustedes estaban divorciados. ¿No se supone que es eso lo que hacen las parejas desavenidas?

André se atrevió a mirarlo directamente a los ojos. La pregunta le había sonado irónica, de modo que esperaba que L'Ereau interpretara el desafío en su respuesta.

_ Es seguro que Agnes no decidió su propia muerte por esa tonta pelea.

El detective adoptó una expresión como de haber encontrado insuficiente la explicación. Como André permaneció en silencio, decidió alentarlo a continuar.

_ ¿Entonces...?

_ Discutimos porque ella estaba tensa y malhumorada.

"No es cierto". André la recordaba más bien altiva y serena, como un mar en calma.

_ Y usted concluye que su estado de ánimo respondía a que había decidido matarse...

_ Es posible _ fue la lacónica observación de André, aunque se daba cuenta que nada de eso tenía sentido.

_ Tal vez la tensión de su ex –esposa tenía que ver con que ya había discutido con alguien, antes de hacerlo con usted...

Si aquello no hubiera sido más que un hato de tonterías, quizás André hubiera tomado coraje para echar más conjeturas sobre el tema. *"Sí, es posible que hubiera discutido con el doctor Moreau, el psiquiatra de nuestro hijo..."* Pero eso significaba entrar a un terreno peligroso.

_ ¿Y qué hay con respecto a su hijo? ¿No pudo estar con ella ese día y discutir... eso que un hijo y su madre suelen discutir?

André sintió que sus mejillas se encendían como faros ardientes. ¿De dónde había sacado esa idea el maldito policía? ¿El mismo se la había proporcionado? ¿También leía su pensamiento?...

_ No comprendo _ atinó casi a tartamudear.

_ Usted sabe... discusiones sobre los límites de cada uno. Las madres suelen ser personas avasallantes. Y los hijos tratan de defenderse de eso todo el tiempo.

¡Oh, sí! L'Ereau sí que sabía de lo que estaba hablando. Era como él lo había supuesto: no había llegado hasta allí desprovisto de los datos necesarios.

El desafío había quedado perfectamente establecido. No obstante, las reglas no eran del todo claras. ¿Y si, acaso, no se trataba más que de una siniestra coincidencia y él nada sabía de la verdadera relación de Jean Paul con su madre? Después de todo, no era así como habían ocurrido los hechos. *"No ese día"*, se dijo André.

De pronto, recordó algo que le heló la sangre. El mismo lo había puesto en la pista cuando hablaron por teléfono. Había confundido el motivo de la llamada con lo ocurrido con Jean Paul el día que escapara de la Clínica. Y, estúpidamente, no había ahorrado detalles. Debió suponer que de haberse tratado de aquello, hubiera sido el abogado de la víctima y no un detective, quien lo contactara.

Ahora, ese error estaba a punto de costarle muy caro. L'Ereau ya sabía de los problemas psiquiátricos de Jean Paul en el pasado, y no iba a pasar por alto la idea descarnada de que un loco podía ser el perfecto sospechoso de un crimen.

Pero su hijo no estaba loco; ni siquiera aceptaba que lo hubiera estado por aquel tiempo. Había tenido algunas dificultades y su relación con esa chica... «*"¿cómo se llamaba?"*» había terminado por arruinarlo todo. *"¡Ah, sí, Marguerite Genet!"* El había pensado, al principio, que aquel noviazgo podía servir de valla de contención a los permanentes avances de Agnes. Y fue demasiado tarde cuando se dio cuenta que Jean Paul estaba vacío de recursos para sostener un proyecto adulto, en una relación de pareja. Ni hablar de aquellas horribles cartas que Agnes había escrito para que su pobre hijo siguiera hundido en la ignorancia de su propia incapacidad...

_ Hábleme de su hijo, señor Charriere. Tengo entendido que ha estado... algo enfermo.

André no estaba dispuesto a decir demasiado. Ya se había equivocado bastante, hasta el momento. Se quedó mirando al detective L'Ereau mientras el pánico envolvía toda su piel con una sudoración viscosa.

Estaba seguro que el policía acababa de dar con su sospechoso preferido.

DIECINUEVE

Entonces, él tenía que correr la mira del policía hacia otra parte.

Mientras conducía de regreso a casa, volvían a su mente las imágenes de la *Place du Têrtre*, porque podía evocarla como un lugar cargado de recuerdos. Por alguna razón, para nada inexplicable, había elegido uno de los cafetines a su alrededor para reunirse con el detective.

La *Place du Têrtre*, con sus canteros ahora yertos bajo la nieve y sus baldosas dibujadas, estaba unida a aquel tiempo de su vida en que aún recorría las calles de París llevando a Agnes tomada de la cintura, convencido sobre la bondad del mundo en que vivía. En esa plaza, ella le había dicho que lo amaba. Y estaba seguro que lo había dicho con la sinceridad que por entonces contenía su corazón.

Esa tarde, la *Place du Têrtre*, desolada y cubierta de nieve, le había parecido un lugar equivocado, un lugar confundido con otro, donde *creía* haber sido feliz.

El regreso a "la cueva" fue más duro que nunca: toda esa soledad rodeándolo, nada más que para que tomara conciencia de que nadie más que él estaba allí, para hacerse cargo de unas circunstancias cuya sordidez parecía destinada a dejarlo sin salidas posibles. La única con la que contaba no era, precisamente, una de las buenas.

André sabía que había dos o tres datos que iban a servirle para reconstruir algunas horas del día de la muerte de Agnes. Y en eso, creía llevarle alguna ventaja a Jacques L'Ereau.

"El no está haciendo todavía esta clase de conjeturas. Por ahora, no son más que cabos sueltos en su investigación".

Se había sentado frente al pequeño escritorio habilitado como mesa de trabajo, en un rincón del dormitorio. Un ventanal cubierto con cortinas de fino *voile*, se abría a su lado, trayéndole las últimas luces de la tarde invernal. Tomó un bloc de una de las gavetas y comenzó a hacer garabatos sobre el papel, en tanto trataba de ir poniendo orden en la agitación de sus pensamientos.

"Horarios". De pronto, la palabra apareció escrita ante su vista. *"¡Eso es!"*

Era la palabra justa. Suponía que la policía era muy afecta a buscar la relación del día y la hora en que un asesino y su víctima coincidían en hallarse en un mismo lugar. En este caso, quien había decidido deshacerse de Agnes, no había necesitado encontrarse cerca, en el momento del hecho. Pero era inevitable que la coincidencia del encuentro se hubiese producido con anterioridad. Y ese dato sólo era posible buscarlo... en Nantes.

Por la llamada recibida aquel día desde la Clínica del doctor Moreau, André pudo conjeturar que Jean Paul había escapado alrededor del mediodía. No lo había preguntado especialmente, porque su consternación al recibir la noticia se lo había impedido; pero recordaba con buena precisión que quien lo llamara se había referido a "la hora del almuerzo". Y él había partido desde Beauchamps, no más allá de las trece y treinta. Recordaba la resaca de aquel día –no la olvidaría jamás- que lo había demorado un poco, mientras intentaba reponerse.

Conocía con exactitud el tiempo que insumía el recorrido hasta París, a cierta velocidad. En seis horas y diez minutos se ingresaba a la ciudad por uno de sus accesos. Lo había sorprendido no encontrar a Agnes ya de regreso en la casa, mucho antes de enterarse que nunca llegaría, en realidad.

Jean Paul había arribado al lugar, cerca de las ocho y treinta, cuando ya oscurecía en aquella tardía noche de verano. Al verlo, había pensado dos cosas: no podía evitar su regreso al único lugar donde, pese a todo, podía sentirse seguro, y lo hacía –de acuerdo con la hora en que llegaba- después de largas vacilaciones. Ingenuamente, ésta había sido su idea acerca de los escrúpulos de su hijo por sus propias intenciones.

El detalle del medio de transporte obtenido, junto con la ropa que lucía, fue el tema del que debió ocuparse más tarde...

Le volvían a la memoria, con nitidez prístina, las palabras de Jean Paul al verlo. *"Ahora soy libre en todo sentido"*, le había dicho, con una voz cargada de excitación. Lamentablemente, el significado de aquellas palabras se reunía con ellas, demasiado tarde.

Todo era de tal obviedad para André en ese momento, que se maldijo por haber caído en la trampa de sus propios errores. Jean Paul *nunca* había vacilado en cuanto a refugiarse transitoriamente en la casa familiar. La hora de su llegada no era más que el resultado de un largo y alocado viaje hacia otra parte.

Esa noche, en la soledad de su hogar, André tomó drásticas determinaciones. Si la sospecha de L'Ereau se cumplía, si *efectivamente* quedaba demostrado que la rotura en el depósito del líquido de frenos había sido causada por una persona y no por un accidente, entonces, él iba a hacer todo lo necesario para borrar las pistas de ese viaje de Jean Paul a Nantes. Y si el detective se empecinaba en creer que ciertos problemas en la salud mental de su hijo, lo transformaban en el asesino de su propia madre, él revertiría todas las circunstancias. Construiría pistas falsas que llevaran a él mismo, como sospechoso. "Confesaría" su crimen, si era necesario. Le debía "una" grande a su hijo, por haberlo tratado con indiferencia toda su vida. Ahora era el momento de demostrarle que bajo aquella apariencia había existido el verdadero amor de un padre, sólo que él nunca había podido manifestarlo porque Agnes estuvo siempre allí, para impedírselo.

_ Perdóname, Jean Paul... _ murmuró, mirando el desolado paisaje fuera de la ventana_ No por esto, sino porque... te creo *tan* culpable como ese odioso policía.

Se quedó dormido sobre el escritorio, con la cabeza apoyada en sus propios brazos. Lo despertó el insistente sonido del teléfono y, desorientado, buscó con la mirada el viejo reloj sobre su mesa de noche.

Eran casi las nueve y treinta, aún no había cenado, no llevaba puesta su ropa de entrecasa y, por un instante, creyó que le restaba prepararse para ir a su trabajo. Cuando la obnubilación cedió, volvió a prestar atención al sonido del teléfono.

_ Diga... _ respondió, esperanzado en que lo estuviera llamando su hijo. Hacía más de una semana que se habían visto por última vez y, obviamente, él tenía necesidad de encarar una larga conversación con Jean Paul.

_ ¿Otro día atendiendo asuntos fuera de la oficina?

La voz de Marlene lo colocó definitivamente en la realidad.

_ ¡Oh... eres tú! _ no pudo evitar que se notara su desencanto y mucho menos que Marlene lo pasara por alto.

_ Por favor... modera tu entusiasmo por hablar conmigo.

La ironía le llegó como una salpicadura de ácido a sus oídos. En el pasado, cuando una de sus relaciones demostraba encontrarse en ese estado de deterioro, no había habido necesidad de explicar demasiadas cosas. Marlene se estaba volviendo aburrida y latosa, con sus recriminaciones.

_ Mira... *querida*, no estoy de ánimo para tu sarcasmo _ intentó denotar seriedad al decirlo_ Tengo algunos problemas y necesito algo de tiempo para resolverlos. Mientras tanto, ¿tendrías la bondad de no llamar a cada momento con tus ridículos reproches?

No había podido evitar su agresión final.

_ ¿Crees que voy a "tragarme" lo de tus problemas? _ Marlene sonaba ahora verdaderamente colérica_ ¿Y cuándo piensas que podré volver a llamarte? ¿Cuando tu entusiasmo por alguna mujerzuela vuelva a decaer?

¿Había dicho *mujerzuela*? André no pudo evitar soltar su risa. ¡Qué modo tan atildado de decir las cosas! ¿Por qué no se refería a las de su *especie* con la palabra adecuada?

_ ¡Tú eres la única puta en mi vida y estás jodiéndola demasiado!

Fue tarde para darse cuenta que se había mostrado brutal. El repentino silencio instalado en la línea fue la primera señal que tuvo acerca del efecto de sus palabras. Estuvo sinceramente arrepentido de lo dicho al instante siguiente y a punto de disculparse por ello. Pero la reacción de Marlene lo dejó sin oportunidades.

_ ¡Esto lo pagarás del modo más caro que imagines!

Ofendida hasta lo indecible, Marlene Dumont colgó el teléfono.

※

Media hora más tarde, André masticaba sin ganas un emparedado, en la soledad de su cocina.

Aún con el tubo en la mano, después que Marlene cortara la comunicación intempestivamente, había decidido ser él quien llamara a Jean Paul. Pero no lo había encontrado en casa. Y no estaba seguro que respondiera al mensaje, porque casi nunca lo hacía.

"Tal vez sea mejor así", pensó, "necesito más tiempo para encararlo. No será algo fácil..."

Era probable que Jean Paul negara todo. Si bien la relación había prosperado en los últimos tiempos, no creía que su hijo ya pensara en él como en un buen confidente. Por otra parte, ¿qué estaba pensando que haría? ¿Confesar su crimen abiertamente? ¿Y si, acaso, nada de esto había ocurrido? ¿Si contaba todavía con la suerte de su lado y, al día siguiente, L'Ereau lo llamaba para confiarle a regañadientes que, pese a todas sus sospechas, se había equivocado? ¿Que nadie había dañado ese bendito depósito del *"Porsche"*? ¿Que se había tratado, en efecto, de un accidente?

"¿Adónde te meterás, entonces, la maldita palabra **siniestro,** señor detective?"

Pero no se esperanzaba para nada en este sentido. Recordaba muy bien lo dicho por L'Ereau acerca del *modo* en que el líquido de frenos aparecía derramado en el lugar del hecho. Y eso era algo que a él mismo le parecía un inequívoco signo de intencionalidad. A menos que surgiera otra explicación posible...

"Bueno, tal vez sólo me he dejado impresionar por la actitud de ese petulante. Como si lo supiera todo y jamás se equivocara..."

Se había hecho muy tarde y aunque la tensión interior le impedía sentir el cansancio, sabía que después de una ducha caliente y reparadora llegaría el relajamiento que lo haría dormir. Pero iba a retrasar ese momento lo más que pudiera. Sentía que había reunido más problemas que soluciones en su cabeza, y que aún no había dado con ninguna idea brillante acerca de nada. Todo con lo que contaba era con aquellas horas en blanco, en la vida de Jean Paul y con un viaje a París que nunca se había concretado para Agnes.

De pronto, recordó sus palabras de despedida en Beauchamps y pensó que el destino tenía, en ocasiones, una extraña gama de claroscuros oculta para el momento de su llegada, sorprendiéndonos la mayoría de las veces.

"Lo que quiero es despedirme de ti para siempre". Lo recordaba como si aún una voz fantasmal lo susurrara a sus oídos. Ahora sabía cuál había sido el verdadero sentido que Agnes había puesto en sus palabras. Pero el destino le había jugado una mala pasada. Su propio hijo se había anticipado a su propósito y, de alguna manera, había tomado en sus manos el cumplimiento de su deseo. ¿Acaso aquella fusión

de espíritus que los había reunido como a una reina y su zángano, no se había cumplido finalmente, más allá del propio plan de Agnes?

Repentinamente, lo asaltó la necesidad acuciante de volver a encontrarse con su última carta: la que había escrito para anunciar su muerte.

Se la había enviado a Beauchamps, suponiendo que él aún se encontraba allí. Y así hubiera sido, de no haber ocurrido los acontecimientos posteriores. Volvió varios días después, nada más a para buscar sus maletas y regresar a París, con el amargo sabor que lo incomprensible había dejado en él, encontró aquella carta.

Había sido arrojada por debajo de la puerta y resaltaba sobre el oscuro piso de cerámica del vestíbulo. André había reconocido al momento, la letra pequeña y prolija de su ex – mujer.

El efecto había sido demoledor. Era como tomar entre las manos, algo de ella que *todavía* permanecía vivo y la trascendía. Recordaba el cuidado con que había abierto el sobre, como si temiera sacudir sus restos y recibir un reproche por ello.

El contenido lo había dejado sin aliento...

André: ¿Diré eso tan vulgar acerca de que si estás leyendo esta carta es porque ya estaré muerta? No lo diré. Mi propósito al escribirla es dejar para ti las palabras que jamás permitiste que manifestara. Te parecerá difícil de creer pero, en efecto, es así. Nunca dejaste que me expresara en relación con mis verdaderos afectos. Y Beauchamps era uno de ellos. Pero estoy segura que no debió importarte. Ni siquiera creo que lo hayas pensado alguna vez. He dejado mi alma en ese lugar, al marcharme. Y te aseguro que ella permanecerá allí para siempre. Lo que me llevé de Beauchamps en mi partida, no era más que mi cuerpo, mi cáscara vacía, una nada silenciosa que al contemplar, por última vez, confundiste con la mujer que hace ya mucho tiempo te amó sinceramente. Ya ves que aquello de conocerme tanto no fue más que una ridícula fantasía de tu parte. Pero lo que es aún peor, es que intentabas manipular nuestra relación con esa actitud de sabiondo insoportable. Ya sé que ahora tu creencia en ese supuesto conocimiento ha debido modificarse "bastante". Pero es a mí a quien no le basta. Como tampoco me basta aclararte que nunca dejé de saber acerca de tus aventuras y relaciones extramatrimoniales, aunque al principio –sólo al principio– nada dije sobre eso con la esperanza de que un día comprendieras el daño que le causabas a nuestro amor y te apartarías de tus mentiras, definitivamente. He sido una tonta y lo he sido todo el tiempo, por creerlo. No puedes, entonces, pensar livianamente que un buen día dejé de amarte sin más, sin un motivo valedero. Tú sabes quién te reemplazó en importancia, en mi vida. De no haber contado con Jean Paul a mi lado, creo que hubiera sucumbido a tanto dolor. Pero ese dolor que tú causaste no fue más que mi secreto. Jamás lo viste anidar en mi mirada ni desplegarse, silencioso, en el temblor de mis manos. Jamás tuviste la entereza de acercarte a mí para ver, al menos, cómo era la soledad que me impusiste. Era inevitable que al volver a mirarme un día, después de mi tempestad a solas, encontraras nada más que los restos de un pasado destruido y este odio permanente que te he dedicado con toda devoción. En cambio, fuiste uno de los primeros en la larga fila de los que se horrorizaron por mi acto heroico de salvar a Jean Paul. De todos lo había esperado, desde luego, pero... ¿de ti? ¿De ti que nunca entendiste demasiado sobre el significado del amor? ¿Qué maldita opinión podías formarte acerca de una situación que te pasaste una vida contemplando y que nunca caló en tu propia comprensión? Jean Paul y yo nos amamos y nada ni nadie podrá cambiar eso. No importa lo que dijo aquella noche... Sé que fueron sólo palabras. La decepción por el amor de Marguerite lo impulsó a decir una simple tontería. Sé que mis cartas salvaron a Jean Paul de la muerte. Y eso me alcanza para irme en paz. ¿Deseas saber ahora cómo será esa paz? ¿Cómo la imagino llegando, por fin, hasta mí? ¿O, acaso, será algo más de lo que nada querrás saber? De todos modos, voy a decírtelo... La paz es apropiarse, nuevamente, del último tesoro escondido de nuestros cuentos infantiles «¡al final siempre lo hayamos!», del primer beso de amor despidiendo nuestra adolescencia «ya no se repite después, tan fácilmente, el milagro de la felicidad», del silencio de las lágrimas cuando la vida nos señala las dificultades del camino y llegamos a ese exacto lugar donde sabemos que ya no habrá más fuerzas para más dificultades. Y es poder dejar de amar a quien nos ha hecho tanto daño con sus mentiras. La paz no es sino el momento en que nos damos cuenta que ya nada esperamos encontrar entre las ruinas de este horrible mundo: la aceptación de una verdad que debería ser penosa e, inexplicablemente, no lo es, facilita el camino. No lo dudes, es un estado casi químicamente puro. Por eso es, además, lo que nos prepara para enfrentar el peso de nuestra decisión final. Todo lo que uno decide hacer sobre su propio cuerpo, llegado ese momento, es una rúbrica en el último renglón de la vida. Te dejo una tranquilidad importante: no eres la causa de mi muerte. Y te pido que le asegures a Jean Paul que tampoco nada de lo ocurrido con él ha provocado esta determinación.

Es sólo que estoy convencida que va a llevarle cierto tiempo comprender que, pese a todo, aún sigue amándome; que fui la única persona en este mundo, en la que pudo confiar y con quien estar seguro. Pero ahora voy a desaparecer, precisamente, del mundo que Jean Paul necesita para sí. Sobre todo para el momento en que pueda abandonar la Clínica. Mientras yo permanezca en ese mundo, habrá demasiadas sombras y muy pocos espacios que él pueda habitar. No estoy haciéndome ningún reproche sino que comprendo, quizás a destiempo, que debo soltar su mano y mostrarle el camino. Estoy segura que él va a lograrlo, porque mi espíritu lo acompañará siempre. También te pido que no creas por esto, que se trata de un sacrificio de mi parte. Se trata del último renglón, sé que ya no queda nada, si diera vuelta la página. Este cuerpo que voy a destruir no va a pertenecerme, en el momento en que lo haga. Porque un segundo antes, seguramente habrá muerto mi propio saber sobre mí misma. Por eso, al apuntar un arma contra él, ya no podré reconocerlo. Este es todo el misterio que va a acompañarme en el instante mismo de la muerte. ¿Y sabes? Es lo que por anticipado, me hace inmensamente feliz.

Agnes.

La carta volvió a caer de sus manos como aquel día. André quería indagar en ella una vez más, pero se daba cuenta que la sensación después de su lectura, seguía siendo la misma: era como remover hielo, extrañamente ardiente, con las manos. Ese hielo que terminaba quemando la piel...

En aquellos años transcurridos, había leído las últimas palabras de Agnes, muchas veces. Y siempre, al hacerlo, una actitud casi reverencial lo anegaba. Sabía que sobre ese papel había quedado mucho más que el supuesto misterio que mencionaba al final. Quedaba una mujer que abandonaba allí mismo toda su tristeza. Y se permitía decirle adiós. Se lo decía para siempre, sin un solo momento de arrepentimiento.

Lo más probable era que el sentido de su carta fuera exactamente ése; se despedía de un dolor tan íntimo y tan intenso que ella misma, obnubilada, pasaba por alto. *"De esto te despedías, mujer. No de mí"*.

André quería que esa despedida llegara a significar, alguna vez, una lección de vida para él. Quería, sinceramente, aprender de aquella ignorada entereza de Agnes. Pero, tenía que admitirlo, le costaba llegar a ese nivel de comprensión. Para él, resaltaban mucho más sus viejos y recurrentes errores, como olvidar el odio que Jean Paul sentía por ella o restarle importancia. Indudablemente, había dejado este mundo, convencida de que el episodio de las cartas había constituido un único traspié entre ella y su hijo.

André, en cambio, estaba seguro que Agnes había *construido* _ como a un edificio cuya arquitectura decidía quien había diseñado su plano- a un ser vacío, desvalido hasta el extremo de desconocer cualquier posibilidad vital, más allá del territorio de su madre. Era notorio que hasta el final había continuado pensando en Jean Paul como en un pequeño niño, necesitado de su protección. *¿Soltar su mano? ¿Mostrarle el camino?* Por un momento, André temió que una madre muerta y fantasmal fuera tan peligrosa para su hijo, como aquélla que en vida había devorado todos sus deseos.

"Quizás, no has podido librarte de ella ni aun matándola..."

Fue este pensamiento el que lo horrorizó, como para sacarlo de sus cavilaciones. Con el mismo cuidado de quien guarda en un cofre su más preciado tesoro, volvió aquella carta a su lugar, diciéndose que todavía le costaba creer que Agnes hubiese amado tanto a Beauchamps. Era cierto que él jamás lo había notado, pero ¿acaso, ella había dado alguna señal en ese sentido?

Amargamente, aceptó que Agnes había olvidado, con el tiempo, cómo se expresaba el amor. No obstante, al despertar esa madrugada, empapado en sudor bajo las frazadas, recordó que lo acusaba, precisamente, de ser él quien desconocía su significado.

"Esto será una batalla", se dijo, "sólo al final sabremos... quién conoció más acerca del amor".

VEINTE

Cuando el teléfono sonó, él se quedó contemplándolo fijamente. Contó, una por una, las veces que lo hizo. No iba a contestar. En general, no lo hacía casi nunca. Era insoportable responderle a una voz que uno no estaba seguro de lo que iba a decir.

¿Y si acaso le ordenaba matar, como aquella vez?

Sus dudas se disiparon al escuchar el mensaje de su padre. *"Llámame cuando regreses".*

¿Regresar? ¿De dónde? No había salido del apartamento en todo el día. Y aunque Jean Paul sabía que eso no era bueno para él porque podían volver a sospechar de su cordura, le había sido imposible abandonar el lugar. Esa mañana, especialmente, se había sentido como un refugiado, al despertar. Entonces tomó la decisión de no salir de su refugio.

Era el tema de las cartas el que había empezado a molestarlo. Casi a irritarlo. ¿Qué se suponía que hacían allí, guardadas en esa caja, si él ya había perdido todo interés por releerlas? Si no fuera por ellas, el refugio podría terminar siendo un lugar verdaderamente acogedor.

Ya no podía entender cómo había sido que alguna vez aquellas palabras tan sensibles hubieran surgido de su propia inspiración. Debió haber amado mucho a aquella chica por quien recordaba haber hecho toda clase de tonterías. Pero eso estaba exactamente en el pasado y éste era un lugar del que no se debía regresar. A veces, simplemente, no se podía...

Jean Paul nunca supo cómo había llegado a la *Rue* Cuvier que, en realidad, nunca incluía en sus itinerarios cotidianos. Y le parecía aún más absurdo haberlo hecho en esa noche tan fría, en que la hilera de árboles desnudos a lo largo de la calle, se asemejaban a terribles y sufrientes fantasmas, elevando sus múltiples brazos al cielo. A poca distancia, el murmullo de las aguas heladas del Sena, golpeando su escarchada superficie contra las explanadas, era una música de apagados acordes acompañando la desolación del paisaje.

El se sintió a sus anchas. Desde que le mentía al doctor Moreau cuando asistía a su consultorio, acerca de la medicación que ya no tomaba, había podido regresar a sus verdaderos pensamientos. Todo lo que necesitaba era fingir. Fingir. Fingir. Los demás no se percataban de eso y, a lo sumo, el doctor Moreau se preocuparía porque no había asistido a la consulta en la última semana. Ya tendría la excusa adecuada, pediría una nueva cita y todo estaría en orden, una vez más. De momento, sólo quería disfrutar de su paseo nocturno...

Abandonó esta idea y volvió sobre sus pasos para detenerse frente a la vidriera iluminada de una quincallería. Algo había llamado poderosamente su atención, obligándolo a retroceder. Su rostro reflejado sobre el vidrio, se distendió en una amplia sonrisa de complacencia. Creía haber dado con algo que podría serle útil más tarde.

Afortunadamente, se trataba de una de esas tiendas que permanecían abiertas hasta altas horas de la noche, a pesar del frío y de lo solitaria que se veía la calle en ese momento. Al decidirse por entrar, un suave tintineo de campanillas se escuchó sobre el dintel de la puerta, al abrirse. No fue un sonido agradable para los oídos de Jean Paul...

Era como anunciar su paso para que todos supieran dónde se encontraba. Cuando el encargado se acercó, solícito y sonriente, él recuperó parte de la tranquilidad perdida. *"Este chico no parece especialmente interesado en molestarme"*.

Una vez dejado de lado su resquemor, Jean Paul le indicó el objeto de su interés. El precio le pareció justo, de modo que se decidió por llevarlo, sin regatear.

Mientras regresaba al apartamento, el aire frío de la noche pareció despejar aún más cada uno de sus pensamientos.

Después de su compra, ya tenía en claro qué hacer con aquellas malditas cartas...

VEINTIUNO

El detective Jacques L'Ereau se apoltronó en el sillón frente a su escritorio, con toda la intención de tomarse un descanso. Había pasado dos largas horas leyendo y releyendo el informe del laboratorio científico, y comparándolo con el que la Compañía de Seguros había emitido en su momento.

Ya no le quedaban dudas: la muerte de Agnes Ducreux en la autopista a París, al estrellarse con su "*Porsche*", se había producido porque una mano que no era precisamente la del Destino, había dañado el depósito del líquido de frenos y lo había hecho de un modo tal que el líquido sólo había goteado al principio, a través de la fina línea de separación que quedara en el acople con su bomba, hasta el desprendimiento total, con el resultado previsible. L'Ereau consideraba que esto había sido todo un hallazgo. Para esa clase de trabajo, limpio y seguro, él sabía, al menos, que se había requerido de la fuerza de un hombre. El *crilón* del depósito era un material bastante más resistente que el plástico.

Mientras bebía un café para despejarse, alguien acercó a su escritorio el otro informe que había pedido: el de las pertenencias de la mujer, al momento de morir. L'Ereau sabía, por su larga experiencia de investigador en casos cerrados, que una lectura atenta y detallada de lo que se encontraba en poder de aquellos muertos, a quienes la justicia terrenal no los había alcanzado, casi siempre resultaba fructífera, en el sentido de poder volver a elaborar alguna nueva y sorprendente hipótesis. Y en esta ocasión, L'Ereau no se había equivocado con su presentimiento.

En el bolso de Agnes Ducreux, además de dinero, un llavero y un paquete de pañuelos descartables habían encontrado una tarjeta con la dirección de un Depósito de Muebles en la *Rue* de Courcelles, el recibo de un taller de mecánica automotriz en Puan y otro recibo de cuenta saldada en *"Le Coq Blanc"*, un hotel de la misma ciudad.

Aparentemente, todo había pasado por ser simples papeles en el interior de un bolso y a nadie le había llamado la atención ni siquiera el hecho de que el recibo del taller estuviera fechado el mismo día del supuesto "accidente" y que, cuanto menos, esto indicara que finalmente, algún desperfecto había preocupado a la conductora del "Porsche".

L'Ereau, que ya había abandonado su actitud de descanso, presionó una de las teclas del teléfono interno y respondió a la voz al otro lado de la línea.

_ Averigua dónde queda exactamente una ciudad llamada Puan y busca en el archivo del caso Ducreux. Deben haberse guardado dos recibos y una tarjeta, según indica el informe que me trajeron. Por favor, búscalos para mí...

※

_ Tienes suerte que alguien haya pensado que dos años y medio no son suficiente tiempo para deshacerse del "material" _ le advertían más tarde, en tanto le acercaban una pequeña bolsa plástica con el contenido que había solicitado.

L'Ereau jugó un momento con la tarjeta del Depósito en sus manos. "*Yves Renan. Anticuario*". Su propietario comunicaba una supuesta profesión para restañar, obviamente, su orgullo herido y venido a menos, bajo el rótulo de Depósito de Muebles. Ya contaba con el número de la *Rue* de Courcelles...

Cuando pasó a los recibos de Puan, se sintió tan satisfecho que una sonrisa atrapada en sus misteriosos pensamientos, escapó lentamente de sus labios.

Se puso de pie con cierta torpeza en sus movimientos y fue hasta el perchero de metal barato que había a sus espaldas, por su saco de paño escocés. Antes de abandonar su despacho, se volvió hasta el teléfono interno.

_ ¿Ya tienes los datos sobre Puan? _ preguntó _ Bien. Estaré ausente de la ciudad, por lo menos hasta mañana.

Poco después, un policía le acercaba un mapa de rutas y lo despedía respetuosamente. No obstante, el detective iría por la *Rue* de Courcelles antes de emprender su viaje.

Mientras conducía de un modo más bien distendido, como siempre lo hacía cuando no se encontraba en medio de un asunto oficial, L'Ereau estaba seguro de haber dado con las pistas necesarias para elevar una solicitud formal de reapertura del caso. Le quedaban pocos años para tramitar su retiro y le parecía que este asunto iba a permitirle hacerlo con todos los honores. No era que él fuese un insoportable vanidoso, pero sabía que a sus cincuenta y ocho años, el rango de detective no podía ser sino su máxima aspiración en la fuerza. Había habido un tiempo en que la idea lo había deprimido lo suficiente para convertirlo en un policía resentido, hasta que se dijo que era mejor transformar en bueno lo malo que uno tenía, en lugar de empeorarlo.

Fue cuando tomó la decisión de postularse al cargo en el Departamento de Archivos, para quedar al frente poco después, de las investigaciones más importantes en la reapertura de casos. Y eso ya era para Jacques L'Ereau haber hecho "una excelente carrera" en su oficio.

El Depósito de Muebles de Yves Renan contaba con una pequeña oficina al frente, por donde el policía ingresó para anunciarse. El anticuario apareció un momento después, por una puerta interna, con un rostro surcado de preocupación.

"Esta es la clase de gente que siempre anda temiendo no tener sus papeles en regla". El pensamiento divirtió tanto a L'Ereau que de no haber sentido cierta urgencia por

emprender su viaje a Puan, se hubiera entretenido en fastidiarlo un poco más.

A pesar del frío, la regordeta cara del anticuario sudaba con ganas. Después de tenderle una mano insegura, lo invitó a pasar a su despacho, una especie de cueva en penumbra y sin ninguna ventilación. Parecía el lugar apropiado para llevar a cabo toda clase de negocios, de los lícitos y no tanto.

_ ¿A qué debo el honor de su visita?

L'Ereau lamentó íntimamente haber dado con un genuflexo. Nunca se sabía a qué atenerse con ellos.

_ ¿Agnes Ducreux fue su cliente en el pasado? _ el policía había decidido no perder el tiempo.

_ ¡Oh!... _ exclamó el anticuario, aliviado, percatándose que el asunto no parecía tan personal como había temido _ Tendría que buscar en mis archivos para asegurarme...

_ Le estoy hablando de una persona muy rica, que de haber sido cliente en este lugar, no podría evitar recordarla.

_ No es mi única cliente rica...

_ Sí, sí, seguro _ lo interrumpió, impaciente, el detective _ Pero... ¿es mi impresión o acaba de reconocerla como cliente?

_ Es su impresión, señor _ le respondió Yves Renan con afectación.

_ Bien, vaya entonces a sus archivos y tráigame toda la información que tenga.

La espera fue tan breve que L'Ereau apenas tuvo tiempo de girar su cabeza para curiosear sobre la lamentable decoración del cubículo. ¿Dónde estaba el supuesto buen gusto de un anticuario?

_ Aquí está _ pero Renan no se refería a esto sino al sobre de papel manila que puso sobre su escritorio, atestado de carpetas y papeles sueltos _ El nombre de Agnes Ducreux me era absolutamente familiar pero no recordaba bien de dónde. Usted sabe... nombres son los que sobran en mi cabeza todo el tiempo. Hace más de dos años, y de esto sí que estoy seguro, el señor André Charriere envió una remesa de muebles y objetos de valor diciendo que más tarde sería retirada por esta señora... Ducreux. Pero ella jamás se apareció por aquí.

"Bueno, bueno, avecilla canora. Ya has dicho lo tuyo, ahora tendrás que irte"

L'Ereau no pudo evitar su asombro por todo lo que "repentinamente" había sido recordado por alguien tan reacio a los recuerdos, al principio.

_ ¿Me dejará un momento a solas para revisar todo esto?

Lo que vio en la mirada del anticuario, en su barrio se llamaba desconfianza.

_ No me llevará mucho tiempo _ le explicó _ Pero puede quedarse si mantiene la boca cerrada.

Renan se sentó en un sillón de tela raída, en uno de los rincones del despacho. Parecía un escolar en penitencia, pero era evidente que a él sólo le interesaba vigilar al policía mientras permaneciera frente a su escritorio.

Por su parte, L'Ereau se estaba formando cierta idea de los hechos, en tanto se ocupaba de la lectura de aquel interminable inventario. Allí figuraba desde un sillón estilo Chippendale hasta un cofre de nácar con espejo, de dimensiones inverosímiles. Luego se ocuparía de poner en orden su incipiente pensamiento...

_ ¿Es todo? _ preguntó, al concluir.

El señor Renan lo miró, perplejo.

_ ¿No le parece suficiente? Creo que ésa fue la primera vez que tuve la impresión de que alguien mudaba su casa aquí.

_ Me refiero al destino de todo esto. Por lo que sé, debió permanecer en su depósito desde entonces.

El anticuario dejó caer su mandíbula para intentar cierto gesto de incredulidad.

_ ¿Dónde si no? _ terminó por preguntar.

_ ¿Puedo verlo con mis propios ojos?

_ Todo está perfectamente embalado...

_ ¿No falta absolutamente nada?

Renan había empezado a sudar, nuevamente. *"Te atrapé"*, pensó L'Ereau.

_ Desde luego...

L'Ereau sabía que estaba mintiendo.

_ ¿*Nada?* _ remarcó con su voz áspera que solía volverse desagradable en ocasiones como ésa.

_ ¿Está usted... interrogándome? _ El anticuario se envalentonó _ Porque si eso es lo que está haciendo, llamaré a mi abogado.

De pronto, el policía soltó una fuerte carcajada. Seguramente, alguien como Yves Renan no habría dejado de meter mano entre objetos de valor que nadie había reclamado en tanto tiempo. Pero, lamentablemente, él tenía su prisa puesta en otros asuntos. De momento, se conformaba con haberlo sentado sobre unas cuantas brasas.

※

Cuando inició su viaje a Puan, L'Ereau ya se preguntaba acerca de las extrañas actitudes de André Charriere. Era algo digno de tomarse en cuenta...

No era bueno que se sintiera tan influido por la idea de que un chico desquiciado, necesitado de tratamiento psiquiátrico, podía dar con el perfil de un asesino, deseoso de acabar con la vida de quien, seguramente, no le había hecho fácil la suya, en base a excesos de amor maternal.

El no entendía demasiado de esas cosas, pero creía haber leído acerca de la culpabilidad que los locos atribuían, en ocasiones, a sus padres. De pronto se preguntó si no estaría, acaso, elaborando un prejuicio. Porque *también* estaba André Charriere... un hombre capaz de no denotar excesiva sorpresa porque el caso de la muerte de su esposa «de su *ex*

—esposa, se corrigió L'Ereau a sí mismo» pasara de "accidente" a "crimen". Tenía la impresión que Charriere hacía grandes esfuerzos por mantener a raya sus propias emociones. ¿Qué era lo que temía revelar?

"Hay un freno manual en el vehículo". "Eso no prueba nada", había dicho, contundente, cuando él le explicara acerca de la rotura en el depósito del líquido de frenos.

¿Y todo aquel interés en dirigir su atención hacia un supuesto suicidio? ¿No estaba ocultando quizás, bajo esa insinuación, el deseo de desviar la investigación?

Su mente comenzaba a ordenar las preguntas que le surgían, en una forma más bien pragmática. Y quedaba una, aún pendiente: ¿por qué André Charriere se había deshecho de aquel mobiliario tan valioso, asegurándole al anticuario que su ex –esposa iría por él más tarde? ¿No era, tal vez, el mejor modo de dejar una pista de inocencia si ya... había decidido asesinarla?

¿No era, a todas luces, un intento de coartada?

VEINTIDOS

Desde su ruptura con Marlene, el sonido del teléfono siempre lo sobresaltaba. Y esta vez no fue la excepción. Pero para intranquilizarlo aún más, estaba también el hecho de que L'Ereau todavía no le había informado sobre el resultado de las nuevas pericias practicadas al *"Porsche"*. Habían pasado sólo unos pocos días, por lo que él suponía que era prematuro esperar el resultado de un informe. Pero igual lo esperaba, con una ansiedad que había empezado a considerar inútil. Su mente sumida en la oscuridad, sabía por anticipado qué iba a comunicarle L'Ereau por esos días. En realidad, lo preocupaba más el no haber recibido aún noticias suyas. No obstante, quería obligarse a sí mismo a aceptar aquella preocupación, porque estaba prácticamente convencido que L'Ereau iba a incluirlo en su lista de sospechosos, quizás, con letras mayúsculas. Si ello significaba alejarlo de su sospecha básica sobre Jean Paul, si llegaba tan sólo a insinuar que ésa era, en realidad, su pista más fuerte, él tendría que trabajar sobre este asunto con verdadero ahínco. Quería salvar a su hijo... *enfermo*, de un destino terrible.

Pensaba que el silencio del detective podía tener relación con el inicio de una investigación formal por parte de la policía, en la que él estaba involucrado como potencial culpable. "Bien", se dijo, "*así es como debe ser*".

La señora Letour se encontraba en su despacho y fue quien respondió a la llamada. No le pasó por alto la mirada de su jefe, clavada en la suya, en tanto ella preguntaba por su interlocutor.

_ ¡Oh, señor Corot, claro que está para usted! Ya le paso...

A pesar de considerar a su socio, un latoso insufrible, saber que se trataba de él en esta ocasión, y de ningún otro indeseable, produjo en André un inmenso alivio.

Su secretaria lo advirtió y volvió a preocuparse por él, como lo había hecho tantas veces por aquellos días.

André tomó el teléfono y saludó a su socio con entusiasmo.

_ ¡Pierre! Almorcemos juntos para acordar algunos detalles sobre la venta de esa vieja construcción. Sé que estás un poco ansioso por eso...

Corot estaba al tanto de que habían surgido algunas dificultades con un antiguo edificio de cuatro pisos, típico de Montmartre, en cuyo altillo se habían producido serios y riesgosos deterioros. Consideró que era una suerte que André se decidiera, finalmente, por prestarle atención al tema. Ambos sabían que en lo que los parisinos llamaban la *chambre de bonne*, se asentaban muchas veces las exigencias de sus compradores, puesto que era el remate de aquellas viejas casas que se intentaban modernizar con una restauración adecuada.

André Charriere y Pierre Corot habían organizado un exitoso negocio alrededor de la venta de estas propiedades. Pero sí que iban a tener problemas con esta última. Por lo que Pierre se apresuró a aceptar la invitación de André. Este no se había mostrado precisamente entusiasmado, y esto desde luego, le había llamado la atención. Por razones de personalidad, era siempre André quien timoneaba cualquier obstáculo que surgiera en el horizonte.

Pierre sabía cuánto le había costado esta vez, interesar al Estudio de Arquitectura que se había ocupado de las refacciones previas a la venta. Pero ahora, ante el problema consumado, la preocupación y la responsabilidad estaban en juego, aunque Pierre suponía que André no estaría dispuesto a exponer el prestigio profesional, tanto como él mismo.

Era un tema de cuidado, si bien hasta el momento, André no se había mostrado interesado. Pierre creía conocer la razón de su desinterés: desde que se topara con Jean Paul, aquella fría noche en la *Rue* Cuvier, podía comprender perfectamente que su socio centrara su auténtica preocupación, sólo en su hijo. ¿No se suponía que Jean Paul había recibido su alta médica hacía ya más de un año y que no había vuelto a quebrarse desde entonces? Pero lo que él había visto esa noche estaba indicando que las circunstancias se habían modificado drásticamente. Jean Paul lucía una barba crecida y descuidada, su ropa se veía desaliñada y todo su aspecto era el de alguien que no se estaba ocupando de su aseo personal. No obstante, lo que produjo en Pierre un estado de asombro y de preocupación inaudita, fue verlo conversar a solas con una especie de pequeño bulto que llevaba en sus manos.

Eso fue algo verdaderamente aterrador y no sabía si encontraría las apalabras adecuadas para decírselo a André.

En tanto terminaba de ducharse, André se prometió interesarse en la conversación que tendría más tarde con su socio. No se refería sólo a simular sino a ocuparse *verdaderamente* de discutir los detalles de un tema que les estaba causando un dolor de cabeza y que él no podía terminar de considerar con seriedad. Después de todo, no tenía derecho a desentenderse del negocio y abandonar al inseguro Pierre frente a unas decisiones que, en el fondo, sabía que jamás tomaría sin consultarlo, sólo porque sus preocupaciones actuales se habían transformado en problemas de alto voltaje.

Cuando escuchó sonar el teléfono desde su dormitorio, André se maldijo por haber pedido a la señora Letour que se ocupara, esa mañana, de la compra de un par de identificadores de llamadas y olvidar traerlos consigo. Ya no quería sorpresas a la hora de responder: el estado de sus nervios no se lo aconsejaba. Era increíble que alguien como él, que vivía rodeado de todas las comodidades que la tecnología podía proveer, olvidara algo tan sencillo como ajustar un adminículo a sus teléfonos. Se ocuparía del asunto al día siguiente, se dijo, mientras se acercaba a regañadientes al aparato, para contestar la llamada.

_ Soy el doctor Moreau… _ carraspeó una voz al otro lado de la línea _ Quisiera alguna noticia sobre Jean Paul. Hace días que no responde al teléfono y no ha venido a la consulta en dos semanas.

"¿Dos semanas?". André presintió que algo comenzaba a funcionar muy mal.

_ ¿Cómo… es posible? _ preguntó, sin aliento.

_ Al principio intenté no preocuparme, señor Charriere. Los pacientes ambulatorios suelen caer en esta clase de actitudes de vez en cuando, pero… ¿que no responda a ninguna llamada? Mi secretaria lo ha estado telefoneando en horarios en que es imposible que no se halle en su casa…

André no sentía el piso bajo sus pies. ¿Qué estaba ocurriendo con Jean Paul? Si lo pensaba detenidamente, también a él había comenzado a parecerle extraño, el tiempo que su hijo estaba dejando transcurrir entre sus encuentros. ¿Era posible que pese a todo lo que se había propuesto, aún continuara siendo un padre incapaz, un auténtico negador de conflictos? ¿O, acaso, Jean Paul se las ingeniaba de maravillas para no dar indicios de sus cambios de humor? Cualquiera fuera el motivo de su ignorancia en los hechos, allí estaba el doctor Moreau para volverlo a la realidad.

_ Doctor... no sé qué decir al respecto...

Era absolutamente sincero al expresar su desconcierto. Fue en ese momento que la grabadora anunció la recepción de un mensaje. Decidió tomarlo, poniendo en espera al doctor Moreau. Una voz estereotipada le anunció que Jean Paul Charriere acababa de quedar cesante en su importante cargo en el Departamento de Obras Públicas, por no haberse hecho presente en su lugar de trabajo durante las últimas *dos* semanas. La voz pedía, además, que el mensaje fuera notificado a su destinatario, con quien había sido imposible comunicarse.

Cuando estuvo frente a Pierre para compartir aquel almuerzo que hubiera cancelado de buena gana, su ánimo había decaído lo suficiente para que el tema de las refacciones de la vieja casona en venta, volviese exactamente al mismo lugar del que lo había sacado para desempolvarlo: su propia indiferencia.

A su socio no le pasó por alto el regreso a aquella remisa actitud, pero por alguna razón, esta vez se preocupó mucho más por André que por el asunto en discordia.

André bebía con fruición una copa de coñac, mientras aguardaban el servicio de almuerzo y parecía haber llegado de un corto paseo por el infierno.

_ No sé por qué imagino que ya no hablaremos del motivo de nuestro encuentro.

Había algo que convertía a Pierre Corot en una persona agradable, a pesar de todos los defectos que André le endilgaba; y era su infinita paciencia cuando los hechos no ocurrían de la manera esperada. El comentario hizo sonreír a André, aun sin ganas.

_ Amo tu perspicacia_ le dijo, de un modo más bien sombrío _ Y sé que tengo que disculparme contigo porque no estoy actuando bien en este negocio. Voy a tener que pedirte que te hagas cargo. Sé cuánto te fastidia todo esto pero es que...

_ No tienes que preocuparte por nada en este momento _ lo interrumpió Pierre, para su asombro _ Arregla tus cosas y tómate el tiempo que necesites.

André permaneció sondeando en su mirada y, por primera vez, estuvo convencido de tener a disposición el afecto de un amigo, en la persona de su socio. Se sintió culpable por haberlo considerado siempre un ser anodino y pusilánime. Pierre se ponía a la altura de las circunstancias para comportarse con una valentía sorprendente; una con la que él ya no estaba tan seguro de contar.

Fue ese súbito descubrimiento acerca de Pierre lo que lo llevó a darse cuenta que había algo más que él necesitaba decirle. Pero era bastante evidente lo engorroso que le resultaba. De pronto, André comprendió que su socio debía estar al tanto del mal momento por el que atravesaba, aunque él no le había referido una palabra al respecto. Entonces, sólo eran posibles dos cosas: él mismo no podía disimular sus preocupaciones o la señora Letour le había hecho algún comentario, si bien esto último era bastante improbable.

No era ni una cosa ni la otra...

_ Vi a Jean Paul, la otra noche...

Por un momento, André creyó que estaba imaginando escuchar aquellas palabras en boca de su socio. Quedó estático, casi solemne, aguardando por el resto.

_ Caminaba solo por la *Rue* Cuvier _ se animó Pierre a continuar su relato _ Estaba muy mal entrazado y... le hablaba a un paquete que llevaba en las manos. ¡Oh, lo siento, André! Tenía que decírtelo. Me parece importante que lo sepas...

Pierre se percató de la horrorizada mirada de André y temió no haber hecho sino hablar de algo que él no ignoraba.

André permaneció ensimismado, aguardando por un almuerzo que apenas probó y, aunque poco después intentó sostener el intercambio de algunas ideas en relación con el negocio de la venta, terminó por decidir marcharse sin haber manifestado nada importante al respecto.

_ Te agradezco que vayas a ocuparte del asunto, Pierre _ fueron sus palabras de despedida _ Mantenme al tanto...

¿Qué había pasado a lo largo de esas dos semanas, en que la vida de Jean Paul había vuelto a desmoronarse? ¿Era posible que sólo se tratara del abandono de su medicación, como había intentado explicarle el doctor Moreau? Si la falta de una barrera química lo llevaba a recaer, una vez más, en el infierno de una enfermedad cuyo nombre aún atravesaba el espíritu de André con el ímpetu de un huracán al que era imposible oponerle resistencia, esto lo colocaba exactamente en el comienzo de la misma historia.

Tenía la impresión que, al menos, cuando Agnes vivía y decidía lo que era bueno o malo para Jean Paul, había la posibilidad de saber cuáles eran las cartas que se echarían sobre la mesa. Ya no contaba ni siquiera con la enfermiza sabiduría de su ex –esposa. Ahora, *psicosis paranoide* eran dos terribles palabras que rodaban a su alrededor, impulsadas por aquel fiero huracán. Y él estaba solo para enfrentarlo. Por disparatado que fuera, André sentía esa vieja necesidad de cierta antigua locura conocida, cuando Agnes podía sostener sin inmutarse, ideas como *"ningún médico puede saber sobre Jean Paul más que yo misma"*. Y en aquel momento, él añoraba exactamente palabras como ésas, que por tan absurdas, impedían el avance del dolor y del miedo.

Todo eso había desaparecido, tragado por un mundo en el que no había sido fácil vivir pero, no obstante, conservaba el sabor de una extraña nostalgia. En esta ocasión, se estaba dirigiendo al apartamento de su hijo, sin la protección que daba la capacidad de negar la realidad, escondida en las "mágicas" palabras de Agnes. Ya no estaba su escudo ni su talismán. En un rato no más, tendría que mirar a los ojos, a su hijo... *loco*.

Casi como el roce de una brisa, sintió en su interior el deseo de morir.

❋

Jean Paul daba vueltas por todas las habitaciones de su apartamento, sin entender demasiado lo que estaba sucediendo. Había muebles apilados contra una pared, como si estuvieran esperando ser acarreados a otra parte. Lo único que quedaba en su lugar era la biblioteca, atestada de sus viejos libros de ingeniería. Y la caja con las cartas...

No estaba bien todo ese desorden. Había organizado una bella ceremonia para ese día y ahora tendría que preparar el lugar de un modo más adecuado.

Pero después de pensarlo por un momento, decidió que ése no iba a ser el detalle más importante. Entonces, se dirigió a la cocina.

Y encendió el horno.

❋

La noche anterior André había soñado algo en relación con una larga caravana de automóviles, persiguiéndolo. No podía recordar nada de su sueño, las imágenes que apenas regresaban, eran completamente inconexas y ya se trataba sólo de una especie de idea agrisada que parecía caminar sobre el borde de sus últimos pensamientos. Después desaparecía sin dejar ningún rastro, precipitándose a un abismo.

"Como este sueño", se dijo André, "así tendré que desaparecer".

"Como el sol, mientras llueve".

Y que las sospechas de L'Ereau y toda la policía de París, la *Surete* en pleno, lo persiguieran hasta el fin del mundo, como la caravana de su sueño.

"Que, en realidad, parece un cortejo fúnebre…"

※

No recordaba cómo las cartas habían llegado a sus manos y estaban fuera de su caja de cartón, caídas sobre la puerta del horno abierta. Pero eso no tenía ninguna importancia. Nadie allí se quejaría por nada.

Jean Paul quitó la bandeja del horno y arrojó cartas y caja directamente sobre los quemadores. Tuvo que echarse hacia atrás para no ser alcanzado por las llamas.

Cuando todo quedó reducido a cenizas sobre el piso del horno, lo apagó y permaneció un largo rato a la espera de que el calor de la combustión desapareciera. No parecía tener ninguna prisa por nada. Luego, tomó entre sus manos los restos del papel calcinado y caminó hacia la sala, como si lo hiciera en medio de un acto escolar en el que le habían exigido absoluta circunspección.

Estaba sollozando cuando arrojó el contenido del cuenco de sus manos en aquella bella urna, pequeña y contundente en el significado que reunía para él, y que había comprado la otra noche, en la quincallería de la *Rue* Cuvier.

Era la tumba perfecta para sus palabras del pasado. Porque en ellas habían permanecido, atrapados, los sentimientos de un antiguo Jean Paul Charriere, ya casi todo un desconocido para él. Y, por supuesto, también enterraba allí, finalmente, a su propia madre.

Cuando André pudo ingresar al apartamento, después de pedir al encargado del edificio que abriera la puerta, ante la que se había desesperado en vano vociferando el nombre de su hijo, el espectáculo lo sobrecogió...

Jean Paul, a quien apenas pudo reconocer bajo su aspecto, yacía sobre el piso de la sala con su mirada hipnóticamente fija en una caja de nácar brillante, o algo que se le parecía, con una tapa que remataba en un pequeño triángulo invertido, de mármol tallado, como una diminuta obra de arte. Lloraba en silencio y un dedo pulgar estaba en el interior de su boca, en tanto con su otra mano acariciaba la caja frente a él.

André se arrodilló para tomarlo en sus brazos. Al momento, comenzó a acunarlo de un modo que hubiera asombrado a la propia Agnes: como a un niño pequeño, desvalido y asustado, en medio de su propia noche interior.

Jean Paul volvió su mirada hacia él, pero en el extraño brillo de sus ojos –idénticos a los de su madre- no había ningún gesto de reconocimiento. Afortunadamente, retiró el pulgar de su boca, ya que de todo aquel despliegue de locura, eso era lo menos soportable.

_ No se preocupe... *señor*. He dejado de sentir.

André decidió no irrumpir en aquella supuesta calma. Secó las lágrimas que aún permanecían sobre sus mejillas y ni siquiera tuvo fuerzas para recordarle que él era su padre.

VEINTITRES

Jacques L'Ereau se distendió por primera vez, después de un largo viaje, al divisar las grandes pircas con el cartel de bienvenida a Puan: una ciudad por la que admitía toda su ignorancia. Sólo sabía que allí vivían veinte mil almas y éste había sido el único dato obtenido por uno de sus subalternos. Parecía una ciudad sin historia...

La nieve se había acumulado de un modo tal que el efecto de ésta sobre las pircas era el de una cordillera en miniatura.

El detective estaba convencido que cuando se marchara de la pequeña ciudad se llevaría consigo un nuevo saber sobre aquel complicado asunto. Siempre se aprendían cosas bajo determinadas circunstancias y ésta parecía ser una propicia.

Dadas las dimensiones de la ciudad, no tardó más de cinco minutos en hallar el taller automotriz donde algunos años atrás, Agnes Ducreux había hecho revisar su *"Porsche"* por alguna razón que había considerado... preocupante.

Había traído consigo el recibo extendido en aquella oportunidad y el deseo de encontrarse con gente que estuviera dispuesta a consultar su memoria de un modo adecuado. De todas maneras, se dijo, la rica conductora de un "*Porsche*" no debía ser fácilmente olvidada por aquellos parajes.

Y en eso no se equivocó.

_ Recuerdo a la señora que usted menciona _ le respondió alguien que se había presentado como el propietario del taller _ La firma en el recibo es de Gilbert, pero él ya no trabaja aquí. Ese chico no servía en este oficio...

L'Ereau lamentó haberse encontrado con el primer escollo. Meneó su cabeza de policía testarudo y decidió avanzar en el problema.

_ El paso del tiempo complica estas cosas, lo sé. Aunque supongo que quedarán registros de los trabajos realizados aquí...

_ Depende... _ fue la escueta respuesta del hombre del taller.

_ Depende... ¿de qué? _ había una clara exigencia de mayores explicaciones en la fría mirada del policía.

_ Si era cliente de mi taller o una conductora ocasional, en dificultades.

_ ¿Y qué era Agnes Ducreux? _ el tono de aquella pregunta estaba indicando que no habría tregua.

_ Tiene usted suerte _ respondió el tallerista, mientras limpiaba sus manos sucias de grasa en una franela aún más sucia _ La señora Ducreux solía pasar por aquí, una que otra vez. Ahora que lo pienso...hace ya mucho tiempo que ha dejado de venir.

"*No quieras saber la razón*". L'Ereau no iba a enredarse en ninguna explicación innecesaria. Esperó, simplemente, por la aparición de aquel registro.

Le habían asegurado que contaba con la suerte a su favor, ya dos veces en el mismo día. Si la suerte regresaba una tercera vez, un círculo cabalístico se cerraría en alguna parte. Su lado supersticioso se lo indicaba, sin ambages: "*no hay dos sin tres*".

El mecánico volvió con una carpeta de tapas de cuero que alguna vez habían sido de un color más claro. Todo allí parecía estar realmente sucio. Pero igual L'Ereau sonrió, satisfecho.

_ La revisión que indica el recibo coincide con la última vez que la señora Ducreux estuvo aquí.

"¡No me digas!".

_ Sólo vino a hacer revisar el motor del "*Porsche*". Todo un coche, sí señor...

_ ¿Nada más que el motor? _ preguntó el detective, decepcionado.

_ Nada más _ confirmó el hombre _ Es lo que dice aquí.

_ ¿Y qué le pasaba al dichoso motor?

_ Parece que nada importante. De lo contrario, habría quedado asentado. Debe haberse tratado de una revisión de rutina.

_ ¿Nada sobre problemas de frenos? _ preguntó finalmente L'Ereau, aguardando por su tercera vez.

_ No, señor.

En la mirada de aquel hombre se plasmaba cierto deseo de que lo dejaran en paz, para continuar con su trabajo. Pero, por supuesto, L'Ereau no iba a impresionarse por esa clase de actitud. Cuando ya parecía resignado a marcharse, volvió sobre sus pasos con una pregunta que, aparentemente, había olvidado hacer.

_ ¿En qué consiste una revisión de rutina?

_ Depende...

¿Otra vez la estúpida palabrita? El detective le clavó la mirada.

_ Tratándose de Gilbert _ aclaró _ debió ser un trabajo bastante superficial. Ese muchacho...

"...No servía en el oficio". L'Ereau recordaba lo dicho anteriormente. Y había algo más allí que no servía: nada de lo expresado por el mecánico echaba un poco de luz en aquel engorroso tema.

Mientras el hombre sacudía su cabeza en señal de desaprobación, al detective se le ocurrió una nueva pregunta.

_ ¿Por qué cree que la señora Ducreux pidió por la revisión del motor?

_ Porque es lo que está asentado aquí...

De pronto, comprendió el sentido de la pregunta y no le gustó para nada lo que había en la mirada del detective, reprochándole su torpeza.

_ Lo siento _ dijo, avergonzado _ Debió pensar que algo no andaba bien.

_ Entonces, no pidió tan sólo una revisión de rutina...

_Quizás, no...

_ ¿Y en qué pudo consistir lo que no andaba bien con el motor?

_ Pudo ser alguna dificultad con el arranque o, tal vez, esos ruidos de arrastre que se escuchan en ocasiones y ponen tan nerviosos a los conductores.

L'Ereau se aferró a la primera frase con sentido que había sido pronunciada allí. "*Ruidos de arrastre*". Sabía a qué se refería el mecánico; cualquiera que manejara un automóvil no quedaba exento de pasar por la experiencia.

_ Si uno no es muy avezado en mecánica _ se explayó el dueño del taller, ya recuperada su buena disposición _ cualquier ruido puede ser confundido con un problema del motor... y no serlo.

El detective se marchó con cierta idea formándose en su cabeza. Estaba casi seguro que su suerte apenas se había quedado dormida.

Un poco más tarde, ingresaba al vestíbulo de *"Le Coq Blanc"*.

El lugar le impresionó como vetusto pero, básicamente, envejecido en medio del olvido y la desaprensión del tiempo, que solía mostrar su faz de mayor crueldad en sitios como éste.

Una vieja salamandra que hacía las veces de único detalle decorativo en uno de los rincones del oscuro vestíbulo, intentaba dar calor al lugar, consiguiendo muy poco en ese sentido. Cuando L'Ereau abrió la puerta, el viento y el frío lo acompañaron, quitando por un momento, la escasa agradable temperatura que se había logrado en el interior. El policía restregó sus manos para calentarlas y saludó al encargado que se encontraba al otro lado de un mostrador de mármol gastado y sucio. Este le ofreció su eterna sonrisa estereotipada, la que siempre llevaba preparada para sus potenciales clientes.

L'Ereau presintió que se encontraba en el lugar que alguna vez Agnes Ducreux había visitado y frente a una persona que debía haberla conocido. En algún sentido, había estado caminando sobre sus pasos, desde su llegada a Puan...

La presentación de rigor por parte del policía, hizo que algo de aquella sonrisa dudara en desaparecer. Pero estoicamente, permaneció en su lugar.

_ Usted dirá... _ lo invitó a hablar el encargado.

_ ¿Alguna vez una mujer llamada Agnes Ducreux se hospedó aquí?

La sonrisa desapareció sin más.

L'Ereau no tenía forma de saber que además de no querer ningún problema con la policía, aquel hombre se estaba preguntando acerca de la clase de lealtad que le debía a alguien que había sido su mejor y menos exigente cliente, pero que no había vuelto a dar señales de vida en mucho tiempo.

_ No era ése el nombre que usaba... _ terminó por decir, remiso.

_ ¿Cómo?

El entrecejo del detective se había endurecido, en tanto su interlocutor comenzaba a sospechar alguna razón para la abrupta desaparición de aquella mujer.

_ Sólo la última vez que estuvo aquí, dejó escrito el nombre de Agnes Ducreux en el remitente de una carta... que yo debía enviar al día siguiente.

L'Ereau comprendió enseguida que algo extraño estaba sucediendo allí. Pero necesitaba que el encargado de *"Le Coq Blanc"* se tomara más en serio su trabajo de colaboración con la policía.

_ Esa mujer murió hace más de dos años en un... *accidente* en la autopista a París _ no le gustaba la palabra pero de momento parecía adecuada para el diálogo _ Quizás, el mismo día que dejó este hotel...

El encargado se conmocionó con la noticia. Aún recordaba a Agnes partiendo por última vez, con toda su arrogancia y su frialdad, sin saber que iba al encuentro de su muerte.

"*Si ahora dice **no somos nada**, caeré de espaldas*", pensó el detective. Pero lo que dijo resultó mucho más interesante.

_ El día de su partida, alguien vino preguntando por ella. Es decir... por ella... con su otro nombre.

Los ojos de L'Ereau se habían entrecerrado significativamente. Era su gesto para expresar que había que soltar todo el rollo, sin esperar más preguntas.

_ Se hacía llamar Marguerite Genet. Con ese nombre se registraba y enviaba cartas a un tal... Jean Paul Charriere. ¡Cómo olvidarlo! _ el encargado comenzaba a sentir cierta comodidad al hablar, que le permitía explayarse _ Tengo la impresión que ése era el joven que llegó hasta aquí y preguntó por ella, aquel día.

L'Ereau respiró ruidosamente. Había escuchado el relato, conteniendo el aliento. Todo un signo de lo sorprendido que se encontraba.

_ ¡Vaya, vaya! _ exclamó casi para sí _ Sí que hay todo un lío en esto...

VEINTICUATRO

Todo era tan terrible que el hecho de que Jean Paul ya hubiera dejado de hablar "*del entierro de las cenizas de sus palabras destinadas a las palabras de su madre*", parecía un gran alivio, como una tenue luz al final del túnel.

André sabía que bajo aquellas circunstancias, cualquiera que modificara las anteriores para mejorarlas, aun levemente, era una tabla de salvación en medio del océano. Por eso estaba allí, aguardando por el regreso del doctor Moreau del pabellón de internos críticos, adonde habían llevado a Jean Paul.

Había dañado el depósito del líquido de frenos del "Porsche".

Había asesinado a su madre.

Había enterrado a sus palabras.

André creía verdaderamente difícil que su hijo pudiera regresar de aquellas tinieblas, algún día. Y si el maldito policía llegaba a encontrar la relación de los hechos, Jean Paul quedaría internado de por vida.

"Eso no pasará", se dijo. "Yo maté a Agnes, señor detective".

Cuando el doctor Moreau ingresó a su despacho, ubicándose tras su atestada mesa de trabajo, André escudriñó en su mirada con desesperación.

_ Ahora descansa _ le informó el psiquiatra _ Pero no puedo ocultarle, señor Charriere, que todo el tratamiento ha sufrido un gran retroceso. La falta de medicación en estas últimas semanas causó el episodio psicótico. Voy a declararlo peligroso para sí y para terceros...

El doctor Moreau se mostraba enfadado, casi deseoso de arrojar algún reproche al rostro desolado de André.

"Sé lo que está pensando. No supe cuidar de mi hijo enfermo".

Pero había algo que lo preocupaba mucho más que la solapada recriminación del médico. En su informe, iba a quedar asentado un diagnóstico lapidario para Jean Paul. ¡**Pe-li-gro-so**! L'Ereau se aprovecharía de esto.

※

Regresaba a su hogar recordando lo último que Jean Paul le dijera, antes de ser llevado a su habitación de interno. Y recordaba su mirada extraviada que seguía sin reconocerlo.

"Era el único modo, **señor**, de evitar que esas palabras volvieran a ordenarme matar..."

En medio del silencio de su dormitorio, estuvo horas mirando el teléfono que había en su mesa de noche. Sabía que en algún momento, debería llamar a la policía. ¿Preguntaría por el detective L'Ereau o intentaría hacerlo de un modo menos personal? *"He asesinado a mi ex –esposa y quiero confesarlo..."*

De pronto, lo asaltó el temor de no hacer las cosas bien, de cometer algún error que delatara su mentira. No era imposible, puesto que la policía buscaría las pruebas que lo incriminaban. Y, por supuesto, no iban a encontrar nada en ese sentido.

Se le ocurrió, entonces, que una buena idea era la de comenzar a producir toda clase de sospechas a su alrededor. Tenía que hacerlo sin pérdida de tiempo. *"Nada de confesiones extemporáneas"*, se dijo. Eso, seguramente, sería lo primero de lo que dudaría la policía, estando Jean Paul tan complicado en el asunto. Además, tenía la impresión que ni el mismo diablo podía engañar a L'Ereau.

Empezaría ya mismo a comportarse como todo un sospechoso. Se felicitaba por no haber hecho esa bendita llamada en su tiempo de meditación, porque acababa d dar con un ardid brillante. Al momento, estaba marcando el número privado de la señora Letour. Una voz adormilada le respondió al otro lado de la línea.

André tragó saliva y se dio un instante más de determinación, antes de responder.

_ Señora Letour… soy yo, el señor Charriere.

_ Reconocí su voz, señor _ no iba a tomar desprevenida a su secretaria ni aun despertándola en medio de la noche _ ¿Qué es lo que desea?

_ Voy a ausentarme de la ciudad mañana mismo _ André creyó necesaria una disculpa, a pesar de su urgencia_ Lamento llamarla tan tarde para avisárselo, pero no quería preocuparla mañana, cuando no me viera llegar.

_ De todos modos, señor Charriere, pudo hacer esta llamada mañana, a primera hora.

_ ¡Oh, sí… seguro! _ dudó André por un momento _ Pero temí olvidar hacerla…

Hubo un breve silencio por parte de su secretaria. Finalmente, preguntó lo que necesitaba saber.

_ ¿Están bien sus cosas, señor Charriere? Hace ya varios días que lo noto preocupado...y no es su costumbre desatender el trabajo en la oficina.

_ Lo sé _ André se dio cuenta de la impresión causada en la señora Letour, al escucharla llegar tan lejos con su comentario _ Tengo algunos problemas...ya veré cómo los resuelvo.

Era bueno que la señora Letour ya se hubiese percatado de su estado de ánimo. Si L'Ereau llegaba a hacerle preguntas acerca de él, André sabía que ella intentaría responder con su máxima lealtad hasta el último momento. Pero la señora Letour poseía una virtud que era, a la vez, su peor defecto: no sabía mentir.

Se despidió, deseoso de continuar con la trama de los siguientes pasos de su plan. Y el próximo paso implicaba... ¡llamar a Marlene!

Se maldijo por haber permitido que la relación llegara a ponerse tan mal, porque ahora ni siquiera podía estar seguro de no recibir más que un corte y un improperio por parte de su ex –amante. Pero había algo que Marlene haría, si él sabía alimentar su enojo suficientemente. De pronto, comprendió que una disculpa a medias, un arrepentimiento dudoso y una confesión indiscreta alcanzarían para que Marlene pusiera a funcionar "su estómago resfriado", frente a las narices mismas de L'Ereau.

Si de algo estaba convencido, era que el astuto policía no tardaría en descubrir el meollo de su vida privada. Y allí tendría que encontrar a Marlene, atrapada entre su odio y su verborragia.

Esperó a que amaneciera, intentando dar con una hora "prudencial" para su llamada. Si la hubiera hecho en algún momento de la madrugada, hubiese corrido el riesgo de desvelar a una malhumorada Marlene, que no iba a estar dispuesta a escuchar nada de lo que él quería decir. Finalmente, llamó y aguardó por la respuesta, tratando de controlar su ansiedad.

_ Marlene, escucha... _ exclamó, apenas ella levantó el auricular, porque no quería abrir demasiado sus posibilidades de reacción _ En primer lugar, quiero disculparme por mi exabrupto... Pero es que estoy pasando *realmente* por un mal momento y, a veces, *querida*, llegas al límite de mi paciencia.

Se detuvo allí a la espera de su primera actitud. Le estaba pidiendo perdón pero, al mismo tiempo, dejaba entrever un reproche. Ella no se sentiría totalmente a gusto con esa explicación, aunque lo dejaría avanzar un poco más.

_ ¿Y llamas a las seis cincuenta de la mañana para esto?

_ Es algo temprano, lo sé... Es que tengo que salir de París en una o dos horas.

_ ¿Por qué? ¿Por qué tienes que marcharte? _ Marlene había conseguido despertar por completo.

_ Se trata de un viejo problema. Algo que ocurrió con Agnes en el pasado y que yo sabía que, tarde o temprano, saltaría a la luz.

_ ¿De qué hablas?

_ No puedo decírtelo abiertamente, Marlene. Si me disculpas... tengo que colgar ahora. Tal vez vuelvas a tener noticias sobre mí, más adelante. Adiós...

André cortó la comunicación exactamente en el punto en que sabía que dejaba a su amante con las cartas echadas sobre la mesa y sin ninguna explicación acerca de las reglas de juego. Sólo tuvo que aguardar unos minutos para escuchar el sonido del teléfono. Aún no contaba con el identificador de llamadas, pero esta vez no lo necesitaba para saber que se trataba de Marlene.

No respondió y esperó que el sonido acabara. La había dejado lista y preparada para cualquier pregunta que L'Ereau fuera a hacerle.

VEINTICINCO

_ No se veía particularmente enfadado _ explicó el encargado del hotel, respondiendo a una pregunta de L'Ereau _ Eso sí, parecía recién llegado de un largo viaje y le ofrecí hospedarse, pero no lo aceptó. Su único gesto de ofuscación apareció cuando expresó algo en relación con que había esperado, al menos, alguna pista sobre el verdadero domicilio de esa tal Marguerite.

_ Entonces... ¿suponía que ésta no era la dirección de su casa?

_ Así parecía. Hablaba consigo mismo y decía cosas tales como *"eligió un lugar en Puan que, por supuesto, no tenía que ser su casa"*. Fue en ese momento en que me preguntó si acaso yo conocía dónde vivía Marguerite Genet. La *verdadera* Marguerite Genet...

_ ¿Y usted qué le respondió?

_ Se supone que todos nos conocemos en una ciudad tan pequeña. Pero como ve, mi negocio está del lado de los forasteros y no soy del tipo sociable.

L'Ereau lo miró con impaciencia. No era la ocasión apropiada para comenzar con rodeos. El encargado interpretó su actitud y se decidió por no fastidiarlo.

_ Conocí a Halbert Genet. Creo que tenía una hija... seguramente es Marguerite. Pero nunca los relacioné con esta mujer; Genet es un apellido bastante común. Y, sabe ¿qué? Señor detective, yo nunca ando con ganas de meterme en líos. Y algo olía muy mal en todo ese asunto...

"A no dudarlo".

_ Algo... ¿Como qué?

_ Esa mujer enviaba correspondencia desde mi hotel y recibía otro tanto aquí. Se hospedaba sólo el tiempo necesario para escribir sus cartas y leer las que recibía. Eso era ya bastante extraño. Pero cuando vi que remitía su última carta con otro nombre... ése por el que usted me preguntó, entonces me dije que la cosa era bien turbia. ¿Quién cambia de nombre en una simple carta? ¿Y por qué tenía que arreglárselas con su correspondencia desde un hotel como éste? Soy el *conserje* y no puedo mentir sobre su calidad: está a la vista. Y esta señora...Ducreux, lucía como una verdadera ricachona. Y hay otras cosas que llamaron mi atención...

El encargado se detuvo en su relato como si necesitara poner en orden algunos recuerdos. L'Ereau lo aguardó ya sin impaciencia. Había comprendido que aquel hombre no estaba dispuesto a guardarse nada. Quizás había necesitado de su catarsis durante el tiempo transcurrido.

_ En su última vez aquí, dejó una carta y cierto instructivo para su envío. Tenía que ver con la dirección de un banco en París, donde había contratado una caja de seguridad para que la misma persona a quien le había estado escribiendo retirara su contenido más adelante. Confiaba en mí, desde luego, y me pidió que me tomara mi tiempo para enviarla y que para hacerlo...llamara a cierto lugar y preguntara si Jean Paul Charriere había sido dado de alta. Tuve que llamar en más de una ocasión. Pasó mucho tiempo antes que eso ocurriera. Pero la señora se había comportado de un modo...muy generoso _ por un momento, dudó en medio de su relato, si estaba bien ese comentario frente a un policía _ Por eso me tomé todo el trabajo...La otra carta tenía por destino Beauchamps. Estaba a nombre de André Charriere...

_ Eso suena interesante _ reflexionó el detective, en voz alta.

_ Y no es todo _ el encargado esperó por su reacción.

_ ¿Ah no?

L'Ereau ya exigía más piezas para ese rompecabezas.

_ La mujer se encontraba aún en el hotel, cuando él llegó. Esa fue la única vez que permaneció tanto tiempo aquí. Yo no tenía por qué aclararle que...no era la verdadera Marguerite, la que él parecía buscar. Bueno, después de todo, yo mismo acababa de saberlo el día anterior... Terminé por decirle que ella se hospedaba aquí _ hizo una pausa, reordenando sus pensamientos _ No me sentí cómodo dándole esa información. Usted sabe...me arrepentí al momento. ¿Y si el tipo había llegado con la intención de armar algún escándalo? Pero se limitó a mirarme como si se hubiese enfrentado al hombre más idiota del mundo. "*Vi el coche afuera*", dijo, "*sé quién está en el hotel...y no es ella*". Luego, se marchó.

L'Ereau volvió a respirar con aquel ruido que le provocaba contener el aire.

_ ¿Nunca se encontró...con ella? _ preguntó, casi asombrado de que así fuera.

_ No en mi hotel, al menos.

"Entonces el odio por su madre era mucho más antiguo".

El policía no era de la clase de los que agradecían nada. Y se despidió sin ninguna palabra, en ese sentido. Pero en la perspicacia del *conserje*, se había instalado la seguridad de haber echado a rodar todos los datos que él necesitaba. Incluso, la calle donde vivían los Genet...

Mientras L'Ereau se dirigía hacia allá, cierta idea que había permanecido "empolvada" asomó a la superficie: o, efectivamente, no había habido ningún problema en el motor del *"Porsche"*, o alguien con los conocimientos suficientes, había logrado concentrar la atención de su conductora sólo en él... nada más que por si se le ocurría una revisión de rutina antes de su viaje, no la hiciera con demasiadas pretensiones y sólo preocupada por el motor. También existía la posibilidad de que un ignorante de la mecánica, como había manifestado el dueño del taller, confundiera un ruido con otro. De todos modos, el resultado fatal había terminado siendo el mismo. *"Ese tal Gilbert pudo salvarle la vida, de haber contado con una mirada más profesional".*

Cuando llegó al tranquilo barrio de casas chatas y fachadas similares, ya había pedido información relevante a sus subalternos, en París.

_ Averigüen cuándo obtuvo su alta médica Jean Paul Charriere, y algo más... cualquier dato que pueda resultar interesante en la vida de su padre. Negocios, vida privada, lo que sea _ por último recordó un pequeño tema pendiente _ ¡Ah!...Manden una orden de registro al Depósito de Muebles de la *Rue* de Courcelles. Hay alguien allí que lamentará no haber hecho bien las cosas...

"Nada personal, señor Renan. Soy, básicamente, un policía".

※

Llamó dos veces, antes que la puerta de la casa de los Genet se abriera para él. Lo recibió una muchacha delgada y atractiva que lo observó con unos ojos lánguidos, cargados de tristeza. No pareció reaccionar como la mayoría lo hacía, al presentarse como detective.

_ ¿Tendría usted la amabilidad de invitarme a pasar?

La pregunta arrancó a Marguerite de cierto ensimismamiento.

_ ¡Oh... sí... por supuesto, detective L'Ereau!

Al hacerse a un lado para permitir su ingreso a la pequeña sala que hacía las veces de recepción, L'Ereau percibió el rico aroma que impregnaba la casa.

_ Estoy horneando un pastel... _ explicó Marguerite _ Si su visita se prolonga, quizás llegue a probarlo...

_ No se trata de una visita social, señorita Genet _ L'Ereau no se permitía correr los límites _ Debe saber que los policías nunca las hacemos.

_ Está bien.

La muchacha sonrió con cierto nerviosismo y simplemente esperó que L'Ereau explicara el motivo de su presencia. Después de todo, había venido de lejos, se encontraba fuera de su jurisdicción y daba toda la impresión, pese a su aspecto, de ser un lobo solitario en medio de alguna investigación policial.

_ ¿Cuál ha sido su relación con Jean Paul Charriere en el pasado?

Marguerite entornó sus párpados y la tristeza en su rostro pareció acentuarse. El pasado había regresado y, seguramente, estaba a punto de volver a lastimarla. Ese había sido siempre el temor de su padre y ella había terminado por incorporarlo a su vida. Pero, después de aquellos años que habían transcurrido apacibles, silenciosos y alejados de viejos y dolorosos recuerdos, Marguerite había comenzado a creer en un verdadero final para su antigua angustia. No obstante, parecía ahora que en algo se había equivocado. O este policía no habría llamado a su puerta para hacerle aquella pregunta.

_ Fui... su novia _ respondió con una voz temblorosa, mientras le indicaba a L'Ereau que tomara asiento. Era sólo un gesto de buena educación. Ella no deseaba que permaneciera allí, aunque sabía que ya no podría evitarlo. Había sido suficiente con la invitación a probar el pastel...

Marguerite no se sentía con fuerzas para continuar fingiendo tanta hospitalidad. Cuando el pasado volvía de un modo tan abrupto e inesperado, generalmente no lo hacía para traer consigo buenas noticias. ¿Con qué iba a salir aquel policía?

_ ¿Recuerda que la haya visitado en su casa hace ya más de dos años?

Marguerite no daba crédito a lo que escuchaba.

_ ¿Quién? ¿Jean Paul? _ Su rostro mostraba el asombro a través de una extraña sonrisa _ ¡Jamás hizo tal cosa! No conocía la dirección de mi casa en Puan. Además, estuvo internado en una clínica psiquiátrica por aquel tiempo y ya habíamos terminado nuestra relación, algunos meses antes.

L'Ereau se dio cuenta, por primera vez, de la tristeza instalada en el atractivo rostro de la muchacha, cuando la vio menear la cabeza para desaprobar su pregunta.

_ Yo… había solicitado una orden de restricción, señor L'Ereau _ concluyó Marguerite.

_ Entiendo.

Lo que el detective estaba haciendo, en realidad, era buscar un lugar desde donde afianzar su posición, para continuar con su interrogatorio; por mucho que incomodara a aquella chica de expresión triste.

_ Debe haber sido algo muy doloroso para usted…

_ Sí que lo fue porque lo amaba con locura _ aseguró Marguerite _ Pero el tiempo pone al dolor en otra perspectiva.

_ Supongo que sí, señorita Genet. Y lamento tener que obligarla a revisar ese pasado, pero hay cosas que no están claras para mí.

De pronto, Marguerite se dio cuenta que detrás de todas sus excusas y preguntas, aún no surgía la razón de todo aquello. Entonces, decidió tomar por el atajo más sencillo.

_ ¿Por qué no me dice, en primer lugar, a qué obedece su interés en este asunto de mi pasado?

Su aguzado instinto policíaco alertó al detective acerca de la necesidad de cierta estrategia para poder abordar el tema, sin forzamientos. Una manera era implicarse en los detalles del lugar, comentar algo agradable en relación con ellos y distender el momento hasta la nueva oportunidad de arremeter. L'Ereau sabía cómo hacer su trabajo y no tenía por costumbre mostrarse delicado ni siquiera con una dama. Pero, en esta ocasión, algo en la actitud general de Marguerite le indicaba manejarse con cierta prudencia. Esa muchacha se veía ciertamente desvalida frente a sus propios recuerdos. Y si bien su interés se centraba mucho más en la información que pudiese obtener que en no zaherirla, de inmediato se abocó a distraer su atención.

_ ¿Es su padre? _ preguntó, acercándose al portarretrato sobre el cristal de apoyo de un delicado aparador con arabescos tallados en sus puertas de madera oscura.

Marguerite asintió.

_ Murió de cáncer el año pasado.

L'Ereau parpadeó pesadamente, procurando que su expresión trasuntara una evidente pena por aquella noticia. Cuando ya creía que hablar de su padre no iba a ser el mejor modo de distender la situación creada, Marguerite sonrió como si todos los buenos recuerdos de su vida se agolparan en aquella fotografía.

_ Papá fue un hombre maravilloso _ aseguró _ Y encantador, a su manera. Todos lo veían como a alguien tosco y rudo por su apariencia. Pero lo que había verdaderamente en su corazón, era sólo dulzura. Fue el padre más dulce del mundo...

_ Supongo que ésa es la clase de recuerdo que hace a su soledad más llevadera.

Marguerite continuó sonriendo, para admitir como verdad lo dicho por el detective. Este se acercó a una especie de biblioteca que hacía las veces de exhibidor para objetos decorativos, en sus estantes vacíos. En los que no lo estaban, había gruesos libros de filosofía, novelas de Tolstoi, Capote y algunas cuyos autores él no hubiera reconocido jamás.

"*Una diversidad en gusto literario*", se dijo L'Ereau, en tanto su mirada recorría el estante inferior. Este estaba atestado de pequeños y delicados automóviles de colección, la mayoría construidos con auténtico material de carrocería. Eran preciosas miniaturas: un *Frénate* de 1960, un *Viva Grand Sport* de los años treinta, típico de la industria automotriz de entreguerras y hasta un *Reinastella* de 1929. Había otros de inferior calidad, como los modelos *Ford-T* de principios de siglo, en los que se veía que la réplica no había respetado totalmente el modelo original. Pero eran piezas valiosísimas, de cualquier modo, y L'Ereau se quedó contemplándolos a todos, maravillado de cada uno de sus detalles hechos a escala.

No obstante, superado su momento de admiración, algo llamó su atención como si no debiera formar parte de aquel conjunto de piezas de colección. Le llevó algo de tiempo darse cuenta, pero cuando incorporó su esmirriado cuerpo que había mantenido casi en cuclillas sobre los pequeños coches, se percató de lo que allí parecía inapropiado. Marguerite no había mostrado excesivo esmero en su cuidado y resguardo. Las piezas se veían limpias y libres de polvo, pero muchas de ellas ostentaban golpes y roturas.

"Llamativo".

_ Eran de mi padre _ explicó enseguida Marguerite _ Amaba esta colección y compraba toda clase de suscripciones con fotografías y descripción de los modelos reales. Se apasionaba con esto... ¡Y hasta logró que yo también me apasionara! Compartimos el entusiasmo y nos convertimos en expertos.

"Llamativo que esté descuidando el más importante recuerdo de su amado padre". Pero entonces se volvió hacia ella, dando por terminado el momento de distensión. Esperaba haberla *ablandado* lo suficiente y no le importaba demasiado si retornaba a su estado de tristeza. En realidad, consideraba que había tenido ya bastantes contemplaciones, tal vez impresionado –nada más que *un poco* impresionado- por una muchacha tan delicada, puesto que por lo general no solía tomar esa clase de actitud con nadie. Sólo quería que pusiera algo de luz en todo aquel asunto...

_ ¿Tiene alguna idea sobre esas cartas que la madre de Jean Paul le escribía desde un hotel de la ciudad, utilizando su nombre?

Si algo había de sombrío en su expresión, se materializó con la fuerza de una tempestad, poniendo una inusitada intensidad en su mirada.

_ Esa mujer... era digna de miedo. ¡Arruinó la vida de su hijo! Nuestra relación fue un verdadero despropósito casi desde el comienzo. ¿Imagina a alguien obligado a creer que las personas sólo son objetos para poseer? ¡Así fue como debió tratarlo su madre y él... no conocía otro modo de relacionarse con una mujer! ¡Tuve que abandonarlo, denunciarlo, huir de él. Fue muy duro, detective L'Ereau...

_ Está bien _ aceptó el policía _ Pero... ¿por qué las cartas?

Marguerite quedó perpleja por un momento, como si no supiera qué responder.

_ Habría que haber estado en la cabeza de la señora Agnes Ducreux para comprenderlo. Pero, supongo, que debió ser uno más de sus grandes "gestos" de amor por su hijo. Porque cuando terminé con nuestra relación, él amenazó con suicidarse...

_ Ya veo el punto _ dijo L'Ereau _ Fue su manera desesperada de volver a interesarlo por la vida, haciéndole creer que usted se había arrepentido de la ruptura y quería regresar con él.

_ Seguramente _ aseveró Marguerite con cierta parquedad.

_ Una mentira bastante difícil de sostener...

_ Por supuesto _ en su expresión había una sonrisa a medias _ Supongo que el saberlo fue lo que terminó enviando a Jean Paul al manicomio...

El detective tomó una actitud melodramática, en la que esperaba que no se notara demasiado su actuación; algo que nunca le salía muy bien.

_ ¿Una madre haciendo las veces de novia de su propio hijo? _ se preparó para su siguiente expresión _ ¡Guau! Suena... incestuoso.

_ ¡Ni que lo mencione! _ agregó Marguerite, indignada _ Creo que de no haber sido su hijo...habría sido su amante. Solía llamarlo "su única razón para vivir". Aún lo recuerdo...

_ Bueno, son expresiones que las madres suelen utilizar con frecuencia _ expresó L'Ereau, más contemporizador _ Siempre hay, básicamente, algo de eso en sus sentimientos, sin que la sangre llegue al río.

_ Usted no conoció a la señora Ducreux, decididamente.

Marguerite estaba tan seria al decirlo que el efecto de sus palabras resultó demoledor.

El sonido de un horno que avisaba el final de la cocción de lo que había en su interior, sobresaltó a ambos.

_ ¡El pastel! _ exclamó Marguerite, recuperando cierto aire tranquilizador _ ¿Está seguro que no desea probarlo?

L'Ereau volvió a rechazar el ofrecimiento y aguardó a que la muchacha regresara de la cocina. Tenía muchas otras preguntas en su mente...

Ella retornó con un comentario acerca de lo que el frío haría en su jardín, de continuar con tanta intensidad.

¿Había un jardín?, se preguntó L'Ereau. Marguerite no pasó por alto la incredulidad dibujada en la expresión del policía.

_ Estas casas pequeñas son absolutamente engañosas. Todos sus espacios son reducidos pero, en los fondos, junto al garaje, tenemos un bello jardín que nos conecta con el exterior. Es un buen efecto de sorpresa cuando alguna de estas casas es puesta a la venta.

_ No es algo que deba ocurrir a menudo... imagino.

Marguerite sonrió sin conceder ninguna explicación al respecto. Íntimamente sabía que ése no era el tópico de interés para el detective.

Con un movimiento ágil y acertado, L'Ereau volvió a su lugar en uno de los sillones. La sonrisa tembló en los labios de Marguerite. El interrogatorio iba a durar demasiado, para su gusto.

_ ¿Supo acerca de las cartas en su momento?

La pregunta no la tomó totalmente desprevenida. Mientras se ocupaba de su pastel en la cocina, había pensado febrilmente acerca de la posibilidad de domeñar cualquier acercamiento con el pasado. La necesidad de conservar esa distancia no tenía ya tanta importancia para ella, como para alguien más; alguien por quien, efectivamente, debía comportarse con todo el sigilo posible.

_ Lo supe... porque usted acaba de contarlo _ dijo, por fin, con una soltura que no resultó para nada afectada. En todo caso, ella sí sabía actuar.

_ No pareció sorprendida al saberlo.

_ Con todo respeto, detective L'Ereau... ¿Cree que hay algo que haya hecho esa mujer que pueda sorprenderme? _ Otra vez la severidad se instalaba en el rictus de su rostro _ Dejé mis estudios en la universidad, huí de París como una fugitiva tan atemorizada por las circunstancias que, aún hoy, recuerdo aquel sentimiento de desesperación y terror sin esforzarme demasiado. ¿Por qué cree que pedí una orden de restricción contra Jean Paul? ¡No dejaba de perseguirme y amenazarme! A veces, suplicaba que lo perdonara y lloraba como un chiquillo. Pero siempre terminaba jurando que me mataría... Estaba convencido de que lo engañaba con su mejor amigo. ¿Qué estoy diciendo? ¡Con su *único* amigo! Jacques... Jacques algo. Ni siquiera recuerdo su apellido...

_ Señorita Genet _ la interrumpió L'Ereau para intentar calmarla_ ¿Por qué siempre que creo que va a hablar de Agnes Ducreux, termina enojándose tanto con su ex –novio?

"El típico golpe desviado", pensó.

_ Lo siento _ respondió Marguerite, apaciguándose _ Podría decir que es porque cada uno de ellos parece el calco del otro, el resultado de una siniestra simbiosis. Pero creo que mi explicación puede ser más sencilla: mientras Jean Paul se encargaba de acosarme y meterme miedo, ella no hacía absolutamente nada por ponerle fin a esa situación. Al contrario, lo enardecía contra mí todo el tiempo. Era su madre, debió darse cuenta del daño que le causaba a él, mucho más que a mí, con aquella actitud...

_ Debe haber sido un momento terrible de su vida _ se solidarizó el detective.

_ ¡Ni que lo dude! _ exclamó Marguerite _ Por mucho tiempo tuve terribles pesadillas en las que él aparecía para decirme... que la voz ya le había ordenado matarme.

_ ¿La voz?

_ No fueron sólo sueños. Eso formaba parte de la realidad. Así se había expresado una de las últimas veces que logró acercarse, pese a todo.

_ Bueno, usted sabe... Cuando alguien dice escuchar voces no hay que ser un psiquiatra avezado para entender que se trata de un *chalado* _ L'Ereau se permitió otro breve momento de distensión y sonrió _ Es lo mismo que encontrarse con uno que pone la mano dentro de su chaqueta y nos asegura que es Napoleón...

_ Eso es lo único que no hizo _ aclaró Marguerite, para rematar la broma.

Era casi la ocasión en que a L'Ereau le hubiera apetecido probar, finalmente, aquel delicioso pastel. Pero no se permitió llegar a tanto, aun con el ánimo reconfortado por la agradable agudeza de Marguerite para el humor... cuando no estaba sumida en el dolor de sus recuerdos.

_ Seguro que no ignora que la señora Ducreux sufrió un accidente fatal, hace más de dos años, en la autopista a París.

_ Lo leí en el periódico. Creo que también se vio en la televisión...

_ ¿Qué sintió cuando lo supo?

Otra vez las preguntas incómodas que ese detective esperaba que ella respondiera con toda naturalidad. ¿No se daba nunca por vencido?

_ Me conmocionó, por supuesto. Aunque le resulte difícil creerme a esta altura de nuestra conversación, no la odiaba tanto...

_ Había estado en Puan, ese mismo día _ el detective entrecerró sus ojos claros, de lobo estepario _ ¿Nunca llegó hasta su casa para visitarla?

Marguerite soltó otra pequeña carcajada. Pero ésta no tenía que ver con ninguna chanza.

_ ¿*Visitarme*? ¿Imagina usted a esa mujer rebajándose a tanto? Estaba convencida que había destruido a su hijo, al abandonarlo.

La mentira había sido echada a rodar por entero; sellada en un arcano movimiento de su más férrea determinación. No habría pasos atrás. Para Marguerite, era el mejor modo de alejar un pasado que tanto la perturbaba.

Jacques L'Ereau se puso de pie con la misma agilidad que había desplegado para sentarse. Su cuerpo enjuto le permitía moverse como un resorte y el efecto era bastante gracioso. Mientras se acomodaba su saco ya algo gastado, volvió a enfocar a Marguerite con su mirada inquietante.

_ Una última pregunta, señorita Genet... Si la señora Ducreux jamás estuvo aquí visitándola, ¿cómo fue que supo acerca de la internación de su ex novio?

Si en aquella pregunta existía alguna sospecha por parte del detective, Marguerite no estuvo dispuesta a dejarse amilanar. Las mentiras llegaban hasta el final...

_ Mi amiga Chantal, una antigua compañera de estudios, me lo comentó. Fue la comidilla de todo París.

_ ¿Y esa amiga suya, Chantal...?

_ Chantal Berger.

_ ¿...Aún se escribe o se telefonea con ella?

_ Sí, lo hacemos actualmente _ Marguerite suspiró mientras se prometía adelantarse a L'Ereau para prevenirla de sus preguntas _ La envidio tanto... Se graduará en poco tiempo, en tanto yo... tuve que abandonarlo todo.

_ ¿No sería el momento de retomar sus estudios, señorita Genet?

Por primera vez, ella pareció descolocada.

_ ¡Oh!... Es que... bueno, tuve algunas dificultades. La muerte de mi padre, los problemas económicos...

_ Sí, por supuesto _ L'Ereau comenzó a marcharse para su alivio.

Cuando estuvo junto a la puerta, se volvió a mirarla para espetarle un nuevo comentario; uno de ésos que él siempre reservaba para el final.

_ A propósito, señorita Genet... Intentó preguntarme por la razón de mi visita, pero finalmente no insistió con su curiosidad...

Marguerite empalideció un tanto.

_ No entiendo a qué se refiere, Inspector...

_ *Detective* _ la corrigió L'Ereau, tomando nota de que la gente comenzaba a equivocarse cuando los nervios la traicionaban _ Me refiero a que está dejándome marchar sin haber obtenido la respuesta acerca de por qué estoy metido en esta clase de asunto.

_ Es cierto... _ admitió Marguerite, saliendo de su traspié _ Pero es que imagino que Jean Paul habrá vuelto a enredarse en algún embrollo de ésos que no puede evitar, siendo como es. La verdad, detective L'Ereau, ni siquiera me interesa saberlo.

_ Igual se lo diré, señorita _ L'Ereau estaba a un paso de aceptar que le creía _ Aquel accidente de Agnes Ducreux no fue tal. Se trató de un crimen...

Marguerite puso sus bellos ojos como platos.

_ ¡Vaya! _ exclamó, al recuperar el aliento _ ¡Sí que la hizo grande esta vez!

Jacques L'Ereau pareció meditar un momento, antes de encararla con su próxima pregunta.

_ ¿Supone que fue Jean Paul quien la mató?

Ella cambió su expresión de asombro a contrariedad.

_ Creí que era eso lo que intentó decirme.

_ No exactamente _ le aseguró el detective _ Pero es una pista interesante...

Marguerite lo vio marcharse, mientras permanecía en el umbral de su puerta, como quien despide al guardián del infierno.

VEINTISEIS

Fue él quien contó el número de chimeneas alineadas sobre el borde del declive, esta vez. André se dijo por un momento, que no estaba seguro de estar haciendo las cosas bien. Pero ¿acaso le quedaba otro modo de hacerlas? Había decisiones de las que era imposible regresar. La señora Letour y Marlene Dumont tendrían que arrojar toda clase de sospechas sobre aquellos últimos días en su vida. La primera, por un exagerado apego a la verdad y la otra, por sentirse despechada.

El se quedaría en Beauchamps a lidiar con el fantasma de Agnes. Se quedaría por el tiempo que fuera necesario. Probablemente, hasta recibir la visita de Jacques L'Ereau...

Al alejarse del lago, vio la casa de verano a la distancia. Nunca había estado en el lugar, en esa época del año y se asombró, de pronto, por todos los cambios que el invierno producía en el paisaje. Aunque había dejado de nevar, la cellisca de la noche anterior había provocado una fría humedad que ahora permanecía detenida sobre el camino, y todo había adquirido un aspecto gris y fantasmal.

Su ánimo descendió hasta el mismo infierno, al verse rodeado de aquella desolación. Seguramente, iba a purgar una culpa que se había transformado en algo imposible de soportar. Pero, básicamente, iba en busca de su propia alma perdida, que nunca había sabido qué hacer con lo bueno que la vida le ofreciera, ni con lo malo, a lo que había desechado sin darle importancia y sin darse cuenta del modo en que se acumulaba a sus espaldas.

Ahora, por fin sabía que había un sentido para todo lo que hiciera de ahí en más. Y eso tendría que ser suficiente para reconfortarlo, apenas pudiera poner en orden sus ideas, hasta el momento, convulsionadas.

Fue difícil ingresar al garaje para estacionar el BMW y descender de él como si se tratara del abandono de su burbuja de protección, en un mundo hostil. Por mucho que se repetía que ése era su hogar, su lugar de solaz y reposo, donde había sido *casi siempre* feliz, cuando el portón exterior se cerró y las luces fluorescentes se encendieron, él se sintió atrapado.

Había una cabeza de venado de mirada vidriosa, colgando de una de las paredes de la sala; y sospechó que lo estaba aguardando. Seguramente, nadie había ido a retirar las fundas de los muebles, puesto que él no había anunciado su llegada y temió que, al verlo, éstas se transformaran en lánguidos fantasmas flotando a su alrededor.

Contaba con encontrar algo de alimento congelado o enlatado, en el depósito del sótano, pero no sentía ninguna urgencia por cerciorarse. A pesar de no haber desayunado, su estómago le indicaba que era mejor no pensar en comida por el momento. Pero se percató de que tendría que bajar al sótano por otra razón, de todos modos. Había que prender la calefacción y ésta dependía de una vieja caldera mañosa que no había sido utilizada en mucho tiempo.

Encender una caldera no era la clase de tarea que uno enfrentaba en plenas vacaciones de verano y recordaba haberlo hecho sólo en una o dos ocasiones, cuando alguna tormenta estival había arruinado repentinamente el clima, haciendo descender la temperatura. Quizás, le costaría hacerla funcionar por la falta de uso y la sola idea lo fastidió por anticipado.

Algo se desacomodó en sus pensamientos, obligándolo a dudar de lo que estaba haciendo allí. ¿Se convertía, acaso, en un buen sospechoso a los ojos del maldito L'Ereau, por simular que había corrido a ocultarse en Beauchamps, para huir de él? ¿Su secretaria y Marlene sabrían hacer las cosas de la forma apropiada?

Todo era demasiado incierto en aquel momento. Por supuesto, contaba con otras posibilidades para acrecentar las sospechas a su alrededor. Había estado pensando en retirar todo el dinero de sus cuentas bancarias, ceder sus derechos societarios a Pierre Corot, avisar al depósito de la *Rue* de Courcelles que autorizaba la venta de todo el mobiliario que había quedado allí, abandonado en aquellos años, y si esto aún no convencía a ese policía de que estaba huyendo, pensando incluso en escapar al extranjero, entonces...

"Entonces, **te quedarás** en Beauchamps".

André se sorprendió de esa idea metida en su cabeza. ¿Había sido realmente suya? ¿De quién si no? Pero hubiera jurado que su pensamiento sólo iba en dirección de concluir en algo así como *"entonces, nada lo haría"*. Si hubiese estado de humor para sonreír, lo hubiera hecho.

Avanzó en medio del frío gélido del sótano, hacia la vieja caldera en desuso. Se esperanzó en no encontrar dificultades extras para ese día, al menos. Y la suerte estuvo de su lado. Después de dos breves intentos fallidos «sobre el último ya maldecía», la caldera encendió, dándole el gusto.

Cuando apagó las luces del sótano a sus espaldas, sintió el peso abrumador de su propia soledad. Y cuando llegó a la sala que aún se mantenía fría, estaba sencillamente agobiado. Como si de pronto, los acontecimientos que había preparado detalladamente, estuviesen a punto de excederlo.

Los muebles enfundados, el frío y el silencio no hacían sino desordenar, en torno a él, los últimos vestigios de una vida racional. Quiso saber la hora e instintivamente buscó con la mirada el viejo reloj de péndulo que, en otro tiempo, había adornado una de las paredes de la sala. Pero, al momento recordó que ese reloj había pertenecido a Agnes y había sido llevado al Depósito de Muebles, como todas sus otras pertenencias.

Todo lo que deseaba era saber si se trataba de la hora correcta para telefonear a la señora Letour y poder informarse de lo hecho por el detective, si acaso ya la había contactado, después de aquellos días de silencio absoluto y... premeditado.

"No me engañas, L'Ereau. Te estás preparando para un buen ataque".

Se prometió que no lo tomaría por sorpresa. Tenía que anticiparse a todos sus movimientos; por lo menos a aquéllos que intentara dirigir hacia Jean Paul.

Bueno, nadie iba a decirle que sería fácil. Ni siquiera podría decírselo a sí mismo. Pero allí estaba, finalmente. Había llegado a Beauchamps...

"...para quedarte".

Se volvió con toda la rapidez que le permitió su agilidad. Y esta vez... *¿quién* lo había dicho?

André sintió cómo el pánico sobrecogía su corazón. Sin lugar a dudas, sus nervios estaban en carne viva. Sí, *parecía* que alguien estaba diciéndole... cómo iba a ser de fácil.

"¡Qué tontería!"

La temperatura había comenzado a volverse acogedora. De todos modos, decidió que regresaría al sótano en busca de leña. También iba a encender el hogar y así, pronto el lugar se transformaría en su pequeño mundo cálido. Necesitaba rodearse de todo el bienestar posible para retirar de su ánimo cualquier resto de desasosiego. Unos leños encendidos serían un buen detalle, en ese sentido.

Mientras se avocaba a su nueva tarea, la sensación de haber visto algo fuera de lugar o faltando en alguna parte, llegó hasta él como una oscura serpiente, arrastrándose más allá de los límites permitidos...

Cuando era pequeño, André había vivido una experiencia aterradora en un viejo serpentario del zoológico, al que su abuelo lo había llevado. Una larga y negra serpiente, de escamas brillantes, había escapado de su cautiverio y había llegado hasta sus pies, para reptar alrededor de su cuerpo menudo e indefenso, paralizado por el terror.

En el recuerdo de aquella escena se entremezclaban los gritos de otros niños, un guardián del zoológico que se acercaba hasta él, provisto de una especie de palo con unas pinzas en uno de los extremos, y la voz horrorizada de su abuelo, exigiendo que alguien hiciera algo y pronto. Cuando la serpiente fue, finalmente, capturada y devuelta a su lugar y, por último, llegaron las disculpas de personas que él no conocía pero a quienes su abuelo había hecho arrepentir de varias cosas en ese día, una frase tranquilizadora se había abierto paso en su mente, aunque a destiempo. *"No era venenosa"*, le habían asegurado.

Pero el terror había inscripto su primera marca. Y, ahora, cuarenta años después, dotado nada más que de la decisión de salvar a su hijo, o lo que de él quedaba, sabía que una segunda marca quebraría su espíritu, en cualquier momento.

En el sótano, la vieja caldera rechinaba y rugía por todas partes. André la miró, casi deseoso de advertirle que debía comportarse bien, como una niña obediente. Se percató, además, de la escasa iluminación y pensó que más adelante haría algo al respecto. Los rincones estaban en penumbra y esto le confería cierto aspecto inquietante al lugar. Aún tenía en mente su idea acerca del bienestar a lograr y supo, de inmediato, que no le gustaría volver a bajar allí y enfrentar aquellas sombras que se alargaban, ominosamente, sobre las paredes.

"O las serpientes podrían reptar más allá de sus límites".

André decidió que debía hacer callar a aquel niño tonto y asustado, dentro de él. Nada ocurriría por un par de focos rotos que no encendían...

De todos modos, ya estaba tomando nota para su próxima compra en el pueblo: focos nuevos y más potentes.

Esta vez, al cerrar la puerta a sus espaldas, escuchó un leve ruido de rasguños y chillidos, que provenían de algún lugar del sótano a oscuras. ¡*Ratas, maldición*! Algo más para su lista de compras: veneno y trampas para ratas.

No recordaba haber visto ninguna, nunca jamás. Su jardinero, quien hacía las veces de cuidador de la casa en el tiempo en que ésta permanecía deshabitada, siempre se había ocupado de aquel desagradable asunto, exitosamente.

El regreso a la sala le provocó cierto alivio. Mientras echaba la leña al hogar y la encendía, se dio cuenta de que todo lo que había hecho hasta el momento, había consistido en movilizarse entre la sala y el sótano. Como si hubiera aprendido un camino más o menos cómodo y seguro, y no estuviera demasiado dispuesto a arriesgarse por fuera de él.

"¡Qué tontería!"

Se repetía esa muletilla, intentando infundirse valor. No entendía muy bien, por qué había comenzado a visualizar a su hermosa casa que conocía de toda la vida y amaba como a pocas cosas ya, como a un lugar peligroso y acechante. Seguramente, tenía que ver con las circunstancias que lo habían empujado hasta allí; o con el hecho de estar rodeado de un paisaje invernal que le era desconocido, acostumbrado a Beauchamps durante el esplendor del verano. O, acaso, eran los recuerdos...

"...de un tiempo más feliz".

Cuando aquel pensamiento martilló sus sienes, estuvo en condiciones, abruptamente, de descubrir qué había llamado antes su atención, como algo que no estaba formando parte de la escena.

_ ¡Dios mío! _ exclamó en voz alta, como si descubrirlo estuviera a punto de paralizar su corazón.

¡Era uno de esos horribles ojos de vidrio de la cabeza del venado! ¡Había desaparecido! ¡Ya no estaba en su lugar!

_ ¿Y qué hay con eso?

Intentó tranquilizarse con aquella pregunta. No le importaba haberla hecho en voz alta. El problema era que debía responderla él mismo...

Debía estar en alguna parte; en *cualquier* parte. Era la única respuesta posible y ninguna otra. ¿Cómo podía alterarse nada más que... porque la cuenca de un ojo se veía... vacía... y eso era... *horrible*?

"¡Qué tontería!"

Mientras se defendía de su propio malestar con esas palabras que ya repetía todo el tiempo, miró a su alrededor, seguro de que no descansaría hasta encontrarlo. Porque, por la más estúpida razón de algún fenómeno físico, tenía que haber caído muy cerca de allí. Y allí estaría...

Como una canica olvidada.

Veintisiete

Jacques L'Ereau caminó hacia su coche, estacionado frente a la casa de Marguerite Genet y, en tanto notaba que era el blanco de las miradas de los vecinos, obviamente excitados por el acontecimiento del día –su presencia- decidió dar la vuelta por una de las calles laterales y alejarse por la siguiente, la de los fondos de aquella monótona hilera de casas.

Se sorprendió del efecto transformador porque lo que había del otro lado, eran unos amplios jardines ahora yertos por el invierno, pero a los que seguramente el regreso de la primavera les devolvería su florida belleza. Avanzó hasta llegar a la última esquina y, entonces, al mirar por el espejo retrovisor, tuvo la sorpresa de su vida.

Quien salía de los fondos de su casa, para ingresar a una casa vecina, era Marguerite. Se quedó observándola, con todo el asombro plasmado en su rostro de facciones rígidas. Cuando la vio reaparecer, no pudo evitar preguntarse por qué aquella chica pueblerina y básicamente sensibilizada por un pasado muy adverso, tenía que comportarse de aquella manera en la que se destacaba, sin lugar a dudas, todo su intento de ocultar determinados hechos, como aquél…

Marguerite regresaba a su hogar por el mismo camino trasero, pero ahora acompañada por un niño muy pequeño. No podía tener más de dos años y se veía sumamente feliz en sus brazos.

L'Ereau dio marcha atrás y lo hizo tan rápidamente que no le dejó tiempo para ninguna reacción, más que para permanecer de pie, con el niño en brazos.

Ella no tenía forma de saber que un especial disgusto atenazaba, en ese momento, el ánimo del detective. Porque no era su costumbre confiar en las personas y, sin embargo, toda su disposición lo había llevado a eso, esta vez.

En un solo segundo, el policía comprendió por qué Marguerite se había mostrado hasta cierto punto, esquiva. Tenía un gran secreto que guardar...

Cuando ella lo vio descender del automóvil, pudo reaccionar y acercársele, ya dispuesta a confesar la verdad. No hubiera existido ninguna razón válida para agregar una nueva mentira a la situación...

_ Voy a explicarle... _ dijo, resignada.

Nuevamente sentados en la pequeña sala, con el niño correteando muy cerca de ellos, bajo la vigilante mirada de su madre, fue la primera circunstancia en la que el policía decidió disponerse sólo a escuchar.

_ Supe que estaba embarazada casi dos meses después de nuestra ruptura. Pero nunca quise que Jean Paul lo supiera. Por eso lo oculté a su vista, como lo hago cuando un extraño llama a mi puerta. Las cosas son así y ya no quiero cambiarlas. Además... ¿qué sentido hubiera tenido hacérselo saber a él? En aquel momento estaba internado en una clínica psiquiátrica y yo no tenía fuerzas para intentar ningún acercamiento, después de todo lo ocurrido. Ni siquiera para decirle que estábamos esperando un hijo... Sé que no estuvo bien callarlo. Y hasta hubo un tiempo en que me dije que terminaría regresando a París para que pudiera conocerlo. Sin embargo, jamás encontré el valor para hacerlo _ Marguerite hablaba con la mirada fija en sus manos que, impotentes, descansaban sobre su regazo _ Tuve miedo. Tuve miedo de todo… del pasado, de Jean Paul, de su reacción y hasta de su indiferencia.

_ ¿Qué consejo le dio su padre en estas circunstancias?

_ El se oponía rotundamente a que lo hiciera. Siempre había temido que Jean Paul intentara hacerme daño y por nada del mundo quería que volviera a acercarme a él.

_ ¿Ni siquiera para que reconociera a su hijo?

Marguerite lo negó con un movimiento de cabeza.

_ No suena bien, lo sé. ¿Pero quién sino yo estuve en mi piel para tomar esta clase de decisión y sufrir todas las consecuencias?

L'Ereau dirigió su mirada al niño, en tácita respuesta. Este se había acercado a los pequeños automóviles de colección y comenzó a manipularlos del modo que un niño de esa edad podía hacerlo. L'Ereau sonrió, comprendiendo ahora por qué algunos se veían tan descuidados.

_ ¿Cuál es su nombre? _ preguntó, sin dejar trasuntar ninguna simpatía.

_ Se llama como su padre.

El detective volvió a dedicarle una mirada al pequeño Jean Paul. No era precisamente uno de esos gestos afectuosos que los adultos tienen reservados para los niños. El no entendía nada de esas cosas y su actitud no era sino algo parecido a cierta conmiseración. ¿Cómo no apiadarse de un niño que crecía sin la presencia de su padre? Y para hacer que todo fuese aún peor, ese padre... ¡se había convertido, probablemente, en un asesino, al matar a su propia madre!

Por un momento pudo distraerse lo suficiente para abandonar aquel triste pensamiento. Fue cuando descubrió que ya había visto en alguna parte, la mirada del pequeño.

_ Tiene los ojos de su abuelo paterno...

El comentario de Marguerite llegó justo a tiempo para que él recordara la mirada expresiva pero preocupada de André Charriere.

_ Debería ponerlo al tanto de la existencia de su nieto, Marguerite. Tiene derecho a saberlo...

Ella continuaba ocultando la mirada en el cuenco de sus manos. Estaba ruborizada pero no parecía dispuesta a cambiar su decisión.

_ Usted no entiende, detective... _ dijo, con un hilo de voz _ No soportaría la idea de que nada de ese pasado volviera a rozarme.

_ Pero se trata de una vida *distinta* de la suya. Y por doloroso que sea ese pasado, el pequeño necesita tener uno, como cualquier persona. Un abuelo es un fuerte referente familiar, Marguerite. No lo prive al niño de eso...

"Basta de consejos, estúpido", se dijo enfurecido consigo mismo, "¿De dónde sacas esa clase de comentarios?"

No obstante, se asombró del efecto conseguido, cuando la muchacha alzó la mirada por primera vez.

_ Tal vez deba volver a pensar este asunto. Después de todo, André... el abuelo de mi hijo, es lo mejor que ha dado esa familia. Nunca se ha comportado mal conmigo ni se entrometió en los sentimientos de Jean Paul. Quizás, era un poco indiferente y desaprensivo... y también algo mujeriego. En eso consistió todo su pecado.

_ Bien _ le manifestó el detective antes de marcharse _ Redímalo entonces, si es que puede...

Ya se dirigía a la carretera por la que abandonaría Puan, cuando recordó que había una pregunta que aún debía hacerle al encargado de *Le Coq Blanc*. Era una pregunta que estaba considerando demasiado importante para pasarla por alto.

Cuando el encargado lo vio regresar supo que, después de todo, algo había quedado pendiente. Y no se sintió precisamente feliz por eso.

_ ¿Dónde estacionaba su *Porsche* la señora Ducreux cuando llegaba a alojarse?

_ Se limitaba a dejarlo en la calle. ¿Qué podía pasarle a su coche en un lugar tranquilo como éste?

_ ¿Exactamente dónde lo estacionaba?

_ Frente a esta ventana. Yo podía verlo desde aquí todo el tiempo.

_ El día en que ese muchacho vino preguntando por ella...

_ Por ella, con su otro nombre _ lo corrigió el encargado.

_ De acuerdo. Por ella con su otro nombre _ repitió el detective, buscando encontrar rápidamente el punto que le interesaba _ ¿En algún momento lo vio acercarse al automóvil?

_ En ningún momento, señor. Ni al llegar ni al marcharse...

_ ¿Eso significa que no lo hizo o que usted no lo vio hacerlo?

_ Que no lo hizo, señor _ respondió el encargado con toda seguridad _ El coche estaba ante mi vista en la calle y, por supuesto, no le quité los ojos de encima a ese extraño muchacho, en ningún momento.

L'Ereau supo que aquel golpe de suerte que había estado esperando, llegaba finalmente, por tercera vez. Sólo le faltaban algunos ajustes.

De regreso a París, Jacques L'Ereau canturreaba mientras conducía. Se sentía el dueño de tantas revelaciones...

VEINTIOCHO

La señora Letour no se sorprendió demasiado con la llamada de su jefe, desde Beauchamps. En realidad, la había esperado durante toda la tarde porque otra cosa no hubiera tenido sentido. ¿Cómo iba a hacer el señor Charriere para desentenderse de todos sus asuntos y comportarse, de pronto, como si la empresa y sus negocios hubiesen dejado de existir para él? No lo había visto actuar de ese modo jamás, pero por fin parecía que aquella llamada volvía a conectarlo con el mundo real. Por grave que fuese la preocupación que lo mantenía en vilo, era obvio que nada iba a alejarlo de sus verdaderos intereses por demasiado tiempo. Estaba tan convencida de ello como de la redondez de la luna. Quizás, fue por eso que lo que André intentaba explicarle desde el otro lado de la línea, no llegaba a tomar ningún sentido para ella. Cuando pudo, finalmente, aceptar como ciertas aquellas palabras, el aplomo de la señora Letour se desvaneció junto con todo vestigio de color en su rostro.

_ ¿Está usted seguro de lo que está diciendo, señor Charriere?

Obviamente, André había respondido de modo afirmativo.

De pronto, la señora Letour tuvo que contestar a cierta pregunta ansiosa acerca de ese tal Jacques L'Ereau. Mientras lo hacía, terminaba por enterarse que se trataba de un policía; y la sola idea la sobrecogió. Ya le había parecido a ella, en su momento, que todo había empezado a andar mal a partir de su aparición.

_ El no ha llamado para nada, señor Charriere. Ni ha venido por aquí... _ tuvo que tranquilizarlo _ Seguro, le avisaré si lo hace.

Sus manos temblaron cuando la comunicación concluyó y tuvo que buscar datos y teléfonos en su agenda, para cumplir con la orden recibida.

"Primero lo primero", se dijo. Y de inmediato marcó el número de teléfono de la oficina de Pierre Corot.

Este nunca llegó a tener demasiado en claro por qué André disolvía la sociedad comercial y le cedía todo su paquete accionario. Había sabido de la nueva internación de Jean Paul y suponía que esto había quebrado a André de un modo muy doloroso. Pero aún así, aquella reacción le parecía excesiva.

La señora Letour tampoco tenía ninguna explicación a la mano. Pero un mal presentimiento se volvía acidez en su estómago, en tanto trataba, por lo menos, de salir de su asombro para cumplir adecuadamente con el encargo de André. Así fue como comenzó a telefonear a abogados y contadores, para reunirlos al día siguiente y poder transmitirles las órdenes recibidas.

También se preguntaba por sí misma. Porque era seguro que estaba por perder su empleo en forma inminente.

Cuando el detective L'Ereau llegó hasta el despacho de la atribulada secretaria, era un hombrecillo sonriente, en su mejor disposición anímica. Al presentarse ante la señora Letour, tuvo la impresión de que ella sabía quién era, de antemano. Seguramente, pudo reconocer su voz porque la memoria auditiva de estas avezadas secretarias era una verdadera joya. El detective se preguntó qué más sería capaz de recordar...

El contaba, desde luego, con algo a su favor. Aunque acababan de confirmarle que Jean Paul Charriere había huido de la Clínica el mismo día de la muerte de Agnes Ducreux, tenía en su poder el testimonio seguro de alguien que podía dar fe de que el muchacho jamás había estado cerca del automóvil de su madre. L'Ereau se dio cuenta que de no haber contado con un dato tan importante, hubiera sido sumamente sencillo incriminar a ese pobre chico enfermo y declararlo culpable de aquel crimen.

¿Qué hubiera hecho el "bueno" de André Charriere, en ese caso? ¿Habría salido a confesar su terrible verdad de una vez por todas? ¿O habría hecho exactamente lo mismo que estaba haciendo ahora? El policía imaginaba en aquel momento que sólo se hubiera dedicado a esperar, tan sólo esperar que él se acercara lentamente a los hechos hasta acorralarlo. Y esto podía convertirse en un verdadero tormento de angustia para ese hombre. Pero aún contaba con cierto tiempo a su favor, se dijo. Habían pasado dos años y medio, y encontrar las verdaderas pruebas de haber causado la muerte de su ex -esposa podía transformarse en un largo camino hacia el infierno.

Para esto iba a necesitar un nuevo golpe de suerte. Y era casi seguro que el único modo de conseguirlo sería aplicándole su famoso método de "ablande".

Mientras aguardaba alguna pregunta falsamente amable por parte de la señora Letour en relación con su presencia, sus ojos inquietos y siempre atentos, detectaron un recibo de compra sobre el escritorio de la secretaria. Parecía pertenecer a una pequeña caja que permanecía aún sin desenvolver y el detective tuvo su oportunidad de comprobar de qué se trataba. La boleta declaraba la compra de dos identificadores de llamadas telefónicas.

"¡Qué interesante!", se dijo. Era posible que Charriere hubiera recordado, de pronto, lo desagradable que podía resultar no saber por anticipado con quién iba a encontrarse del otro lado de la línea.

_ ¿Son para la oficina? _ preguntó con su malsana curiosidad de siempre.

Al principio, la señora Letour no comprendió a qué se refería. Hasta que vio su sagaz mirada detenida sobre aquel recibo.

_ ¡Oh, no! Son para la casa del señor Charriere…

Al punto, se preguntó si aquella sinceridad en su respuesta había sido la indicada.

"Más que interesante".

_ A propósito… ¿se encuentra él en su oficina?

_ No vendrá en todo el día _ se apresuró a responder la señora Letour.

_ ¿Y eso… por qué?

Una respuesta inapropiada estuvo a punto de surgir de sus labios. Pero de inmediato recordó que se trataba de un policía y estaba en su derecho de preguntar ciertas cosas. L'Ereau, por su parte, intuía el deseo de aquella mujer de sacarlo de allí con cajas destempladas. Y, por supuesto, esto lo divertía en tanto aguardaba por su comentario.

_ No se encuentra en la ciudad.

_ ¿Dónde se encuentra, entonces?

Ella midió la posibilidad de mentir en ese momento, para decir que no lo sabía. Pero el riesgo era demasiado grande para quien no entrenaba en el arte de engañar.

_ Ha viajado a Beauchamps _ terminó por admitir, derrotada _ Pero no creo que se quede por mucho tiempo.

_ Beauchamps, ¿eh? _ el detective disfrutaba de aquel momento embarazoso de la secretaria _ ¿No es, acaso, ese hermoso pueblo de montaña?

La señora Letour asintió con un movimiento de cabeza.

_ Tengo entendido que es el sitio ideal para unas tranquilas vacaciones de verano. ¿Qué se supone que hace allí en pleno invierno?

_ Posee una hermosa casa en ese lugar, señor.

_ ¿Cómo no lo pensé? ¡Qué tontería de mi parte olvidar que la gente rica tiene más de una casa donde vivir!

La mujer se quedó mirándolo, sin terminar de aceptar que aquello había sido dicho más bien irónicamente. En la severa mentalidad de la señora Letour, un policía no podía comportarse de un modo que ella consideraba tan poco profesional. Y algo de esto llegó hasta el detective, a través de su mirada.

_ Sé que no aprueba mi sarcasmo _ dijo _ Como yo no apruebo que el señor Charriere se esté comportando de una manera tan... extraña.

Pero "extraña" era, apenas, la palabra elegida para los delicados oídos de la señora Letour. Jacques L'Ereau se sentía más que feliz del comportamiento de ese hombre. Porque la manera en que lo hacía era, en realidad, estúpida. Si no terminaba por confesar su crimen, al menos estaba haciendo lo necesario para que todos los caminos condujeran a él.

_ No sé a qué se refiere _ manifestó la secretaria, intentando encontrar una salida airosa _ No tiene nada de extraño que se haya tomado unos días de descanso.

_ Supongo que no _ acordó L'Ereau _ Siempre y cuando no tenga que ver con algún asunto un poco más delicado que eso...

La señora Letour permaneció en silencio, aguardando a que concluyera aquel comentario. Pero en lugar de hacerlo, el policía decidió cambiar ligeramente de tema.

_ De todos modos hay cosas más interesantes de encontrar fuera de París. Créame, señora... Se lo dice alguien que acaba de regresar de una pequeña ciudad llamada Puan.

Cuando el detective abandonó el despacho, tan sonriente como había llegado, ella no dudó en hacer aquella llamada...

Su sentimiento de culpa era enorme. Ese policía tenía la capacidad de hacer decir aun aquello que uno esperaba reservarse. Pero, de todos modos, se sentía más aliviada avisándole a su jefe que la visita que tanto parecía preocuparlo, acababa de producirse.

Al detective le quedaba por delante otra parte de la tarea. Hacía pocas horas de su regreso a la ciudad, pero no le daría prioridad a su cansancio por el viaje.

Sus hombres habían trabajado a destajo durante su ausencia y, gracias a eso, ahora iba en busca de una vieja "amiguita" de André Charriere. Estaba convencido que la amante de un hombre podía proporcionar óptima información si uno sabía cómo sonsacarla. Y fuera de toda humildad, él era muy bueno en eso...

Cuando extendió su mano para saludar a aquella rubia "estilo Barbie", se preguntó seriamente cómo algunos hombres podían acceder a esa clase de mujeres cuyas feromonas eran verdaderos carteles luminosos, resaltando ante la vista de cualquiera que usara un buen par de pantalones. Porque si había algo que el detective sabía de sí mismo, era que no podía resultarle atractivo a ninguna joven que no fuera miope. Sin embargo, esa mujer sexy y maravillosa, lo miraba como si se tratara de una deliciosa golosina que estaba a punto de devorar.

_ ¡Oh, qué emoción! _ exclamó, mientras lo invitaba a sentarse en la bella sala de su apartamento de la *Avenue du Mariscal Foch* _ ¡Esto de recibir la visita de un detective es tan excitante!

L'Ereau, que no asistía a esa clase de citas sin contar con alguna información interesante, no estaba precisamente sorprendido del estilo de vida de Marlene Dumont. Un divorcio económicamente favorable y haber visitado ciertas alcobas indiscretas, la habían colocado en la mejor posición para dejar atrás cualquier penuria relacionada con sus finanzas. Vivir en uno de los lugares más selectos de París y despertar cada día a las diez de la mañana, con su desayuno servido en la cama, era el privilegio de unos pocos. Sin dudas, esa mujer había sabido hacer muy bien las cosas malas.

Después que una mucama les acercara una bandeja con servicio de té en tazas de porcelana *Limoge* ribeteadas en oro, L'Ereau decidió apuntar directo a lo que quedara de la sensibilidad de Marlene.

_ Supongo que la partida de André Charriere a Beauchamps debe haberle roto el corazón...

Sus bellos ojos verdes, de largas y negras pestañas cubiertas de *rímel*, dejaron que el asombro asomara a su expresión, tomándola desprevenida. Era obvio que no era ésa la clase de comentario que había esperado.

_ Me llamó para comunicarme que abandonaba la ciudad, pero no dijo adónde iba...

El policía se preguntó si era sólo su impresión o el tono de voz se le había endurecido. Si había algo allí que estaba funcionando como malestar, era el momento de llegar a fondo, se dijo.

_ *¿Abandonar* París? ¿Ese es el modo en que se expresó?

_ Me parece que sí.

En realidad, Marlene no recordaba *cómo* lo había dicho pero no creía que eso tuviera demasiada importancia. Después de todo, aquél había sido el sentido de sus palabras.

_ ¿Y cuál fue el motivo que lo llevó a tomar esta determinación?

Marlene tuvo un momento de lucidez. Ese policía estaba allí porque necesitaba cierta información sobre André. Él era el tema de esa conversación y ella no lo defraudaría. El rencor, se dijo, tarde o temprano se miraba en el espejo...

_ Estaba tan nervioso que era difícil entender lo que decía _ mintió _ Pero había algo relacionado con su ex – esposa... algo que él había hecho en el pasado.

Esto no era por entero una mentira. Marlene recordaba confusamente aquellas palabras. Y la idea de que sirvieran para que André se llevara un dolor de cabeza con la policía, le proporcionaba cierta paz a su sed de venganza.

No obstante, quedaba como resto algo que ella nunca llegaría a saber. Y era que había hecho, exactamente, lo que André había deseado que hiciera...

※

Justo cuando la señora Letour imaginaba que había hablado por demás ante los atentos oídos de Jacques L'Ereau, su jefe acababa de pedirle que dijera mucho más.

Por un momento, se sintió confundida. Como si el señor Charriere hubiera comenzado a hablar en un idioma que ella no comprendía. Pero parecía tan obsesionado con la idea de contarle al policía que iba a vender un conjunto de muebles muy valiosos, abandonados por mucho tiempo en un depósito, y que iba a retirar la mayor parte de su fortuna de los bancos de París, que su secretaria no tuvo dudas de que aquel caballero, siempre correcto y atildado para tratar con ella, estaba metido en un gran lío.

Le había pedido que fingiera no habérselo dicho antes al policía porque conservar la discreción que le correspondía como secretaria, había tenido peso en su decisión de callar. Pero ahora –le había sugerido el señor Charriere- le surgía el repentino temor de haber ocultado información a la policía. Y estaba segura que no podría vivir con eso...

La señora Letour no tenía modo de saber que André estaba convencido que aquel comentario sería aceptado por L'Ereau como una verdad de Perogrullo, si su innata capacidad de sondear en las personas le había permitido conocerla apropiadamente.

Ella aceptó a regañadientes jugar el papel que André le encomendaba, dudando de su propia capacidad para mentir. Pero cuando él la llamó *Joshe*, algo que jamás se había permitido hacer hasta el momento, para decirle que podía quedar tranquila por su futuro laboral, ella perdió toda su resistencia. Hacía años que había un seguro de desempleo a su nombre, guardado en una caja de seguridad en un banco, lo suficientemente importante para permitirle vivir holgadamente, hasta su retiro. Y por si eso no resultara ser lo más adecuado para ella, su socio tenía expresas órdenes de tomarla como secretaria.

La señora Letour supo que sólo alguien que se había ganado el respeto y el afecto de un superior, podía descansar sobre tanta tranquilidad, de por vida. Y, conmovida hasta las lágrimas, accedió a hacer lo que André le pedía; aun aceptando que esto no parecía ser bueno para él.

En medio de aquel galimatías, ella creyó importante comentarle que el detective L'Ereau se había referido a un viaje a Puan. Y que lo había hecho de un modo más bien misterioso. Fue lo único que hizo reaccionar a su jefe como si una gran confusión lo hubiera asaltado de pronto. *"¿Está segura que no dijo Nantes?"*, había preguntado con la voz demudada por el estupor.

Pero ella sabía muy bien lo que había escuchado.

El detective se sentía satisfecho, a pesar de lo simple que había resultado su último trabajo. Todo en Marlene Dumont estaba a flor de piel, no había nada por debajo. Por lo tanto, no había habido necesidad de obtener información con ninguna artimaña. Esa bella mujer había dicho más de lo esperado...

Ahora, sencillamente, se preguntaba por el modo en que André Charriere lo había hecho. ¿Cuándo se había acercado al automóvil de su ex –esposa? Y entonces recordó algo que había dicho y que lo ubicaba en el lugar apropiado para llevar a cabo su propósito. ¡Agnes Ducreux y él habían estado juntos el día anterior al nefasto viaje de la mujer... en Beauchamps!

Después de todo, el modo elegido para deshacerse de alguien a quien no se deseaba ver caer muerto junto a uno, por darle un tiro en la cabeza o en medio del corazón, incriminándose mucho más, era ése, a no dudarlo: la mujer moriría después y en otro lugar. ¿Cómo no ver allí la mejor manera de posicionarse lo más lejos posible de la escena del crimen? L'Ereau se dijo que por muy poco, André no había logrado ponerse a salvo.

Tenía toda la impresión de que un inevitable círculo de indicios se estaba cerrando alrededor de alguien, a quien Marguerite Genet había definido como "al mejor de la familia". Si algo se confirmaba muchas veces en esa regla, era que éstos terminaban siendo los peores.

En lo que concernía al detective, André no era más que un criminal y un farsante, oculto durante todos aquellos años tras su parapeto de respetabilidad. Y, por alguna razón, todo esto lo decepcionaba. Casi se arrepentía del consejo dado a Marguerite…

L'Ereau, que estaba en su despacho y se sentía como un pájaro a punto de abandonar su jaula, se preguntaba en ese momento si aún valía la pena programar una cita con Pierre Corot. Lo había pensado durante toda la tarde, mientras acomodaba algunos datos dentro de su afiebrada cabeza. Pero de pronto se le ocurría que nadie hacía comentarios comprometedores acerca de su propio socio. Y, además, para él bastaba con lo dicho por Marlene Dumont. Pero cuando aún dudaba en hacerlo, el teléfono sonó y escuchó la voz de la señora Letour, al otro lado de la línea. Fue toda una sorpresa…

_ ¿En qué puedo servirla? _ preguntó, esperando exactamente lo contrario.

_ Detective L'Ereau... _ comenzó a decir con la voz temblorosa y entrecortada _ He olvidado comentarle algunas cosas que... bueno, yo supongo que deben tener alguna importancia.

_ No es usted la clase de persona que olvide nada.

Cuando la señora Letour se percató de la dureza de aquella recriminación, estuvo a punto de soltar las lágrimas. Pero tenía muy presente la promesa hecha al señor Charriere, de modo que decidió conservar su aplomo, a pesar de lo sensibilizada que se sentía.

_ Es cierto _ admitió, procurando dar un poco más de seguridad a su voz _ Usted comprenderá que tuve que pensarlo por un momento, al menos... Se trata de mi deber por un lado y cierto sentido de lealtad hacia mi jefe, por el otro. Lo siento, detective L'Ereau. No intenté ocultar información sino que...

_ Está bien _ la interrumpió el policía, impaciente _ Dígame de qué se trata, de una vez por todas.

La señora Letour no estaba acostumbrada a aquel trato intempestivo, pero eligió no decir nada al respecto. Después de todo, no estaba acostumbrada ni siquiera a mentir y, sin embargo, lo estaba haciendo con todo desparpajo.

_ Conozco cierta información... relevante, señor.

L'Ereau permaneció en silencio y a la espera.

_ Mi prudencia me dice que no debería estar contando esto, pero... si hay algo malo que el señor Charriere haya hecho, yo no me las veré muy bien con mi conciencia, al callarlo.

"Bien, es hora que lo digas, maldita sea".

_ Me pidió que me ocupara de la venta de unos muebles... Son las piezas de un mobiliario que perteneció a su ex –esposa y que hace tiempo dejó en un depósito.

_ ¿Eso es todo? _ preguntó de pronto el detective, sonriendo al imaginar que iban a llevarse una sorpresa allí, con lo faltante.

_ No, no lo es _ afirmó la señora Letour, sintiendo la insoportable presión que el policía ejercía sobre ella _ También le escuché decir algo relacionado con sus cuentas bancarias. Creo que está pensando en retirar una suma de dinero importante...

_ ¿*Le escuchó decir* o se lo dijo directamente a usted?

_ Me lo dijo... personalmente.

_ ¡Vaya! _ exclamó el detective _ ¿Por qué se supone que le confiaría algo como esto, precisamente a usted?

_ Soy su secretaria y nos unen muchos años de confianza mutua. No es la primera vez que me hace confidencias. No querría saber usted cuántas cosas *verdaderamente* íntimas conozco de su vida.

Por un momento, él se preguntó si acaso, habían sido amantes. Con la fama de Casanovas de Charriere, esto era perfectamente posible. Pero enseguida descartó la idea.

Cualquiera que conociera a la señora Letour tenía que saber que ningún avance amoroso era posible con ella.

L'Ereau aceptó dar por cierta aquella versión. La seguridad con que lo había dicho y la intuición acerca de que "la Letour" no daba con el tipo de las que podían mentir con facilidad, terminaron por convencerlo.

Su narcisismo habría sufrido una gran derrota de haber sabido lo sencillo que había resultado hacerle "tragar" aquel anzuelo. Del otro lado del teléfono, la secretaria contenía el aliento y pensaba que "tragarse el anzuelo" era la expresión apropiada. En tanto, acababa de descubrir su lado oscuro, uno que ni siquiera había sospechado poseer…

Aunque el ventanal de su despacho daba a una callejuela interior, sucia y oscura, recortada por un depósito de mercadería portuaria, Jacques L'Ereau se había detenido a observar el paisaje, como si se tratara del más hermoso panorama alpino.

Parado ante el ventanal, dejaba que su mirada vagara de arriba abajo, como si buscara algo que no se encontraba precisamente allí.

En realidad, no tenía la menor idea de lo que estaba mirando. Sus pensamientos lo habían llevado hacia otra parte. Era un lugar donde un policía se encontraba, muchas veces, con sus mejores preguntas y sus peores dudas. Cuando saliera de allí, se dijo, tendría que estar convencido de haber tenido su primer encuentro con la Verdad, esa dama esquiva y distante, que apenas se mostraba una sola vez.

Que André Charriere compartiera con su secretaria aquel aceitado nivel de intimidad que le permitía comentarle cuestiones de un tenor más bien confidencial, era absolutamente posible. Sabía, por experiencia, que había relaciones de trabajo que prosperaban mucho más que cualquier amistad, en ese sentido. Por eso le parecía pertinente que le hubiese comentado su intención de vender aquel dichoso lote de muebles y que la pusiera a cargo de la venta, aun cuando estuviese pensando en hacerlo por algún motivo espurio. Pero... ¿qué le manifestara el propósito de vaciar sus propias arcas? ¿Qué necesidad tenía de involucrarla en eso? ¿Qué podía llevar a un hombre a confiar un asunto tan delicado a su propia secretaria? ¿No era, acaso, cometer un error demasiado evidente? ¿Hasta ese punto llegaba su sentimiento de confianza? ¿O no era más que el último acto de desesperación de alguien que intuía que ya no quedaba mucho más por delante, sino huir del país lo antes posible, para eludir la mano de la justicia que había comenzado a moverse hacia él?

Y él, seguramente, lo estaba sospechando. Por eso vendía esos valiosos muebles y retiraba su dinero de los bancos: estaba pensando en escapar hacia alguna parte. Quizás, había sobreestimado la prudencia de su empleada, en relación con aquellas confidencias...

Todo era posible pero, al mismo tiempo, bastante extraño. De cualquier manera, no podía sino aceptar que, finalmente, Charriere había resultado un pusilánime que frente a la menor dificultad, no había contado con ninguna idea brillante.

Para alguien que había conseguido ocultar su crimen durante tanto tiempo y había preparado una aceptable coartada en el Depósito de Muebles de la *Rue* de Courcelles, el resto resaltaba plagado de errores. Pero ya había visto a otros equivocarse como niños inexpertos, cuando la desesperación los invadía.

En el fondo, algo parecido a la decepción fue lo que apagó sus últimos pensamientos. Cuando se alejó del ventanal, por alguna razón lamentaba que los hechos se hubiesen dado de aquel modo. Aunque volvieran a poner a la suerte de su lado...

Por un momento, inexplicablemente, recordó a Marguerite Genet diciéndole que aquel pequeño travieso se llamaba como su padre. Era extraño, se dijo, que alguien tan dolorosamente afectada por la frustración obtenida de aquel trunco romance con Jean Paul Charriere, conservara el propósito de que el hijo llevara su nombre. Como si aún lo amara, pese a todo. Como si estuviese dispuesta a darle a ese niño algo que perteneciera a su padre. Quizás, como un modo de mitigar la culpa por tanto ocultamiento.

Se acercó al teléfono para volver a la realidad. Había que llevar a cabo ciertas diligencias, sin tiempo que perder. Dio la orden de bloquear todas las cuentas bancarias de André Charriere. Y pidió una patrulla policial...

Una que iba a acompañarlo hasta Beauchamps... para detener a un hombre acorralado.

VEINTINUEVE

André permanecía junto al teléfono y estaba confundido.

No tenía ningún sentido que L'Ereau se hubiera tomado el trabajo de ir hasta esa ciudad llamada Puan. ¿Qué había ido a buscar allí? ¿Qué podía haber *encontrado* en ese lugar? La señora Letour le había asegurado que no hubo ninguna posibilidad de haber escuchado el nombre de Nantes.

Puan le resultaba vagamente familiar. Alguna vez había oído nombrarla en alguna parte...

Algo no estaba bien en aquel asunto. Si Nantes no ingresaba al campo de sospechas de L'Ereau, esto sólo podía significar que no era más que cuestión de tiempo para que lo hiciera. ¡A menos que no lo hiciera nunca... porque Nantes nada tenía que ver con la muerte de Agnes!

André se sintió repentinamente descolocado. Acababa de destruir todos sus puentes de salvación. Había quemado las naves y ya no quedaba un solo punto de retorno a su vida anterior. Enviaría todo su dinero a Suiza, donde permanecería hasta el día que Jean Paul lo heredara. Se obligaba a imaginarlo ya curado, por entonces. Creía contar aún con algo de tiempo a su favor para aquella maniobra de último momento. Por lo demás... sabía que terminaría en la cárcel, probablemente por lo que le restaba por vivir. ¿Qué importaba ya el destino de su empresa y el trabajo de toda una vida? Jean Paul no iba a necesitar de ella para sobrevivir. Contaba con su propia profesión y la fortuna que él le dejaba.

Todo cerraba allí: ya estaba hecho lo necesario para que el círculo a su alrededor adquiriera su propia perfección. Ya no escaparía; era el final...

Entonces, si Nantes desaparecía del horizonte de sus más profundas razones para aquella decisión que lo había llevado hasta el límite de su vida, no podía evitar sentir que una pieza faltante en aquel rompecabezas, desordenaba el sentido de todo lo demás.

¿Dónde había encontrado Jean Paul, realmente, el "Porsche" de su madre? ¿Adónde había dado con él? ¿En Puan?

De pronto, aquel abismo que acababa de abrirse a sus pies, le mostró la verdadera profundidad de la caída. Recordó que ésa era la ciudad de origen de su ex –novia, Marguerite Genet, y que de algún modo debió ser inevitable que Agnes lo mencionara en el remitente de sus "locas" cartas a Jean Paul.

El alivio regresó a él atravesándolo, extrañamente, de un dolor feroz pero necesario. Había estado por creer... ¡en la inocencia de su hijo! Justo en el punto en que él se había entregado a su propio holocausto. Pero ahora, todo volvía a su lugar y le permitía recuperar el amargo sabor de su triunfo.

Jean Paul jamás había perdido su brillante inteligencia a manos de su enfermedad. Desde un primer momento debió saber que si quería rastrear el paradero de su madre, el mejor lugar para hacerlo era aquél desde donde le enviara sus "cartas de amor".

Era un pensamiento atrapado en el maleficio de una especie de vitalidad propia. Se la proporcionaba el hecho de no desear otra cosa que salvar a su hijo. Poseía la fuerza necesaria que le permitía avanzar, casi a ciegas, hacia su final y su destrucción, sintiendo que había llegado... *al último renglón de su vida.*

"No encontraré nada más, si vuelvo la página".

Recordaba aquellas palabras de la carta póstuma de Agnes. El ojo de vidrio lo había estado mirando todo el tiempo, mientras se ocupaba de sus cavilaciones. Estaba quieto y vigilante, junto a una de las patas del *bureau*.

Al descubrirlo, André se quedó contemplándolo, hipnóticamente. ¿Cómo había llegado hasta allí?

"Rodando".

Miró a su alrededor, convencido que no era él quien lo había pensado. El pánico corrió por su espalda, con un escalofrío estremecedor. Intentaba ver por el rabillo del ojo, si aquellas sombras que provenían de la otra habitación a oscuras y se detenían justo bajo la arcada de la sala, no eran acaso...

"¡Qué tontería!"

Mientras escuchaba los latidos de su propio corazón retumbándole en las sienes, en medio del silencio, comenzó a retroceder lentamente.

Cuando sintió el contacto de una garra atrapando una de sus piernas por detrás, gritó con todas sus fuerzas. Pero al volverse a mirar, su grito se transformó en una carcajada histérica. El brazo de un sillón era todo cuanto había allí. ¡Y era *lo único* con lo que había golpeado, al retroceder!

_ Estás aquí, ¿verdad? _ preguntó en voz alta _ En el lugar que amabas...

※

Marguerite se sentía particularmente afectada por lo que L'Ereau le había dicho, al visitarla. Por primera vez pensó con toda seriedad en tomar la determinación de comunicarse con André Charriere.

Estaba ya muy cansada de aquella lucha personal y solitaria que había resuelto encarar cuando nació el pequeño Jean Paul. Pero a partir de la muerte de su padre, todo se había vuelto aún más difícil de sobrellevar. Ni siquiera le había confiado su secreto a Chantal, a quien no veía desde su época de estudiante, aunque se comunicaba regularmente con ella, como le había asegurado al detective. Y esto la mortificaba sobremanera, porque le hacía comprender hasta qué punto había tenido que trastornar todos los aspectos de su vida. En el pasado, Chantal había sido su mejor confidente, pero eso había desaparecido bajo el peso de aquel secreto.

Desde luego que su hijo la compensaba por todos los sinsabores y las dificultades que atravesaba cotidianamente.

Pero, de cualquier manera, había veces –como ésta- en que sentía que las fuerzas comenzaban a abandonarla.

Había pasado un mal trance cuando el detective L'Ereau la descubriera trayendo al pequeño de regreso a casa, y aun habiendo dado todas las explicaciones del caso, le parecía que no era bueno quedar como embustera frente a un policía. Y, entonces, surgían sus propias dudas y se preguntaba si estaba haciendo lo correcto. Ella, como nadie, había conocido de cerca la locura de Jean Paul, pero por momentos no creía que éste fuera suficiente motivo para haber llegado a tanto...

Su hijo estaba creciendo sin su padre. Esa era una verdad irrefutable que la llevaba exactamente hasta el borde de sus propios reproches. Su pasar no era precisamente holgado, si bien sabía arreglárselas con su subsistencia y la del niño. Sin embargo, no podía ignorar que una sola decisión de su parte, podía poner a su hijo en la posición más favorable, como heredero de la inmensa fortuna de los Charriere.

Nunca se le había ocurrido que André podía ser la persona adecuada a quien acudir, hasta haberlo escuchado en boca del detective.

En aquellos años transcurridos, sólo se había imaginado yendo, fatal e inevitablemente, a la presencia de Jean Paul para hacerle conocer, por fin, a su hijo. Y cada recuerdo de lo vivido a su lado, se parapetaba entonces frente a ella, para asegurarle que era mejor no dar aquel paso, jamás.

A pesar de lo mucho que lo había amado, no podía evitar que el miedo que aquellos recuerdos aún le inspiraban, fuese más fuerte que cualquier otra cosa. Pero André Charriere era –por qué no- una buena opción.

"Quién sabe...", se dijo, "quizás termine por confiarle todo. El comprenderá..."

※

No mucho antes de partir hacia Beauchamps al día siguiente, L'Ereau había sido informado del nuevo "traspié" sufrido por Jean Paul Charriere. En oposición a su dura índole de policía, un sentimiento de profunda piedad lo embargó. Aquel muchacho parecía haber nacido con la vida en contra... Era evidente que, a veces, el dinero no alcanzaba para comprar lugares exitosos ni favorables.

El no había pedido esa clase de información, pero era prudente que los agentes que trabajaban junto con él en aquella investigación, estuviesen sumamente preocupados por abarcar la mayor cantidad de datos posibles acerca de André Charriere. Por lo visto, uno de ellos estaba relacionado con la terrible enfermedad de su hijo.

_ ¿No sería conveniente pedir apoyo de la policía local para detener a Charriere?

La pregunta había sido hecha con las mejores intenciones, por un joven policía que iba a formar parte de la comitiva. Pero L'Ereau le echó una mirada casi furibunda.

_ No me parece necesario _ observó, tajante, y sin dar más explicaciones.

L'Ereau solía comportarse de aquel modo poco agradable con sus subalternos, cuando alguna idea le quedaba "suelta" en el conjunto de sus teorías. No estaba seguro de lo que le había molestado en aquella simple pregunta, pero tenía en claro que André Charriere no valía tanto esfuerzo de despliegue.

Lo suyo era apenas una corazonada. No lo conocía mucho más que por una llamada telefónica y un encuentro en un café frente a la *Place du Tertre*. Desde luego que no le había impresionado bien y desde un primer momento estuvo seguro que ocultaba algo muy preocupante para él. Pero si dejaba de lado todos los prejuicios básicos con que juzgaba a los ricos, impulsado por cierto resentimiento que casi siempre procuraba ignorar, tenía que reconocer que Charriere no era del tipo "psicópata irrecuperable".

En el fondo, sólo le había parecido un hombre asustado que un día confundió su llamada con la de alguien que deseaba demandar a su hijo por ciertas "trapisondas" del pasado.

Por extraño que pareciera a opinión de los demás, estos pensamientos retenían a L'Ereau aún en París, justo cuando sus hombres se preguntaban, ansiosamente, por el momento de la partida. Obtener una orden de detención fuera de la jurisdicción de la ciudad era un trámite cuya agilidad de resolución casi siempre dependía de la urgencia del caso. Pero esta vez, L'Ereau aguardó por ella con la paciencia de un lama.

Quienes lo conocían mejor pensaban que alguna razón de peso estaba demorando al detective en su puesta en marcha. Sin embargo, en esta ocasión, el propio L'Ereau desconocía un motivo consciente por su falta de apremio. Sólo sabía que le hubiera gustado que Jean Paul Charriere contestara un par de preguntas, antes de viajar definitivamente hacia Beauchamps.

Y también lamentaba que no estuviera en condiciones de dar las respuestas que él hubiera necesitado...

※

André comprendía que había adoptado una actitud no sólo ridícula sino, además, patética. ¡Hablar con fantasmas! ¿Cómo era posible que se le hubiera ocurrido semejante disparate? Sabía que no se encontraba en su mejor disposición anímica, pero llevar las cosas a ese extremo le parecía francamente innecesario.

"Las ratas, las víboras..."

"El ojo del venado".

"...Y los fantasmas".

Una leve sonrisa curvó sus labios, mientras pasaba lista a sus miedos atávicos. Si en ese momento hubiera agregado el nombre de Agnes, le habría parecido perfectamente lógico.

Agacharse a recoger aquel espantoso ojo de vidrio, fue un movimiento reflejo e impensado. Ya no soportaba verlo arrojado sobre el piso de la sala.

"Recógelo y devuélvelo a su lugar".

Esa bendita voz... ¿interior? ¿O atrapada entre las paredes de su casa?

Tal vez, eso era lo mejor que podía estar ocurriéndole: estaba volviéndose loco, como Jean Paul. Quizás, muy pronto, también él terminaría con el pulgar en la boca.

"¡Qué tontería!" "**¡Qué tontería!**"

No estaba dispuesto a gastarse bromas de tan mal gusto y que involucraran un recuerdo tan doloroso...

¡Pero no estaba bromeando!

André decidió ocupar su mente en alguna actividad práctica. Necesitaba sacar de su cabeza toda esa clase de *ton-te-rí-as*. Y, además, la caldera estaba requiriendo otra revisión. En realidad, le parecía que la temperatura de la sala había vuelto a descender, a pesar del hogar encendido.

Recogió el ojo de vidrio y lo guardó en una gaveta. El animal, ahora tuerto, parecía dedicarle una mirada cargada de reproches, exhibiendo su reciente discapacidad como si ésta le confiriese cierto rasgo de sabiduría. De cualquier manera, el reproche no estaba de más... por haber "fregado" su vida de aquel modo.

"No había otra salida", admitió. No estaba respondiéndole a la cabeza de venado colgada en la pared, ni tampoco a sí mismo. Se lo decía a esa voz que andaba por allí, martirizándolo con lo incomprensible de su presencia.

No, no era así. No *podía* ser así.

De pronto, decidió que su cordura era lo único de lo que no estaba dispuesto a desprenderse. Era hora de calmarse y, simplemente, dedicarse a esperar…

No había más voces que aquéllas que se hundían en el *ágalma* de sus propios pensamientos. Y sólo con ellas podría entablar alguna clase de diálogo racional.

No podía ser Agnes hablándole con distintas modulaciones. Era él que no podía evitar recordarla allí, mucho más de lo que la recordaba en París. Las palabras de su carta habían sido tan expresivas y contundentes con respecto al lugar. Había sido casi una promesa, la de permanecer allí… para siempre.

_ No es justo lo que hiciste, Agnes _ le expresó en voz alta _ Las cartas de amor debieron ser para mí y esta otra, para Jean Paul… Para que él comprendiera, finalmente, que es tu alma negra y perdida la que nunca va a abandonarnos.

Afuera, había comenzado a nevar. Y los leños en el hogar ardían con menos intensidad…

※

_ Soy la ex –novia de su hijo _ le aclaró Marguerite a la señora Letour, a través del teléfono _ Necesito comunicarme con el señor Charriere…

La secretaria recordaba vagamente el nombre. Estaba segura de haberlo escuchado en boca de la señora Ducreux, cuando aún era la esposa de su jefe. ¡Sí, y ahora también recordaba los detalles! Había sido en medio de una discusión fenomenal, en la que la mujer afirmaba que esa muchacha era una arpía con sus garras bien ocultas, en tanto el señor Charriere trataba de tranquilizarla, diciéndole algo así como que a él no le había impresionado tan mal. Por supuesto esto la había enfurecido aún más, en lugar de calmar su ánimo.

Ella no había podido evitar escuchar aquellos gritos destemplados, a través de la puerta del despacho. Poco después, se habían divorciado y, afortunadamente, Agnes Ducreux ya no había vuelto por allí.

El solo hecho de que quien estaba al teléfono fuese "la pequeña arpía" en persona, le dio la certeza de que la comunicación que solicitaba revestía alguna importancia.

La señora Letour dudó, por un momento. También estaban todos los problemas y las preocupaciones por los que atravesaba el señor Charriere. No parecía una buena idea ponerlo en contacto con esta muchacha, desconociendo sus intenciones.

_ El señor Charriere ha salido de la ciudad por unos días. ¿Por qué asunto lo necesita?

Marguerite se limitó a suspirar.

_ Lo siento... _ terminó por decir _ Me hubiera gustado hablar con él personalmente... de cierto tema.

Algo en el compungido tono de su voz hizo reaccionar a la señora Letour, justo a tiempo para evitar que cortara la comunicación.

_ ¿Es un tema ciertamente importante? _ preguntó.

_ Sí que lo es...

_ Bueno... _ empezó a expresar con cierta cautela de secretaria recelosa, pero a la vez consciente de que las reglas de juego habían cambiado drásticamente y su jefe merecía... o *debía*, en algún sentido, conocer lo que fuere que esta chica tenía para decir _ Puede comunicarse con él en Beauchamps.

※

"¿Qué es la felicidad?"

A André se le ocurrió que aunque sólo estuviera pensándolo, alguien por allí podía responderle. Pero él necesitaba que esa respuesta fluyera de la propia Agnes...

Sabía que eso no era posible y, sin embargo, aun así se esperanzaba en dar con ella. Agnes lo había dicho de una manera sencilla, al final de su carta. Lo que la hacía feliz era conocer por anticipado el *final* de su cuerpo. Era extraño, porque lo había expresado, exactamente, en aquellos términos. Se había referido a *un* cuerpo –y más precisamente a un cuerpo *desconocido* por ella, al momento de destruirlo- pero no a su vida. Parecía convencida que el final de su vida no estaba allí, no formaba parte de su decisión...

¿No era todo eso, acaso, un conjunto de ideas sabias con las cuales afrontar la finitud del cuerpo?

"Lo que avanza sobre el cuerpo no es el tiempo sino la desaparición del tiempo".

¡Eso no era algo que se hubiera plasmado en su propio pensamiento!

"Porque una vez que el cuerpo se libera del tiempo, queda la verdadera vida..."

André giró en redondo y la buscó, con una mirada cargada de excitación. Si Agnes estaba *efectivamente* allí... entonces, tenía que darle algo de su propia valentía en medio de aquella situación.

"Cuando compres el veneno para ratas..."

Tomó la determinación de bajar al sótano para ver qué ocurría con la maldita caldera. El teléfono sonó con insistencia pero, desde tan lejos, él no pudo escucharlo.

※

El detective L'Ereau y su comitiva de policías ya estaban en viaje, lo cual había significado todo un alivio para aquellos hombres, excepto para él.

Se decía todo el tiempo que había quedado tan clara la implicación de André Charriere en el crimen, que había terminado por desistir en profundizar sobre lo hecho por Jean Paul, el día que escapara de la Clínica. Se basaba en el convencimiento que le habían dejado las firmes palabras del encargado del hotel en Puan. La parte reactiva de su experiencia ya se había acomodado a la idea de que aquel sujeto, fiel a los hábitos impuestos por su trabajo, no se pasaba por alto los detalles, por pequeños que fueran. El había visto lo que *había visto* y el pobre muchacho no se había arrimado siquiera, al coche de su madre. Quizás, sólo había acudido en busca de su ex –novia, arrastrado una vez más por el horrible engaño de la señora Ducreux, como una frágil polilla hacia el calor de un brillante foco de luz. ¿Y cuál otra hubiera podido ser su oportunidad, si en aquel momento sólo se trataba de alguien que acababa de huir de un manicomio? No obstante, ahora ya no se sentía totalmente seguro de aquella teoría. Quizás, esto había sido un error de su parte y alguna pieza del engranaje no se encontraba en el lugar correcto...

Sólo porque su padre se comportaba como todo un culpable, ¡él lo consideraba culpable! Bueno, también estaba sopesando algunas dudas al respecto y, obviamente, la sintonía de su convicción con aquel asunto distaba de ser perfecta, a pesar de que a Charriere lo abrumaban varios indicios de culpabilidad, que él no podía dejar de lado.

Lo que en realidad había comenzado a fastidiar su pensamiento, era el hecho de haber descuidado el comportamiento de Jean Paul en Puan, después de todo. Quizás, se había dejado llevar por su propia conmiseración y algo de alivio al no tener que involucrarlo. Pero ahora, la idea volvía a instalarse en él como una gran duda y tironeaba de un modo nada agradable de aquello que antes había sido todo un convencimiento. ¿Acaso alguien que no estaba en sus cabales, huía del lugar donde lo tenían recluido para aparecer en Puan –donde también se encontraba su madre, cuyo automóvil fue "preparado" para tener más tarde un accidente- y no quedaba implicado en el hecho, así sin más? ¿No habría que revisar algunos puntos oscuros en esto, como en la extraña actitud adoptada por André Charriere?

¿No era posible que su hijo hubiese contado con la oportunidad de llegar hasta el *"Porsche"*, en otro lugar de la ciudad que no fuera, precisamente, frente al viejo hotel? ¿Que la hubiese seguido desde allí, en busca de su propósito? ¿Que Agnes Ducreux hubiese visitado, efectivamente, a Marguerite –aunque la muchacha lo había negado- y después de haber ido tras ella, hubiera tenido el tiempo suficiente para "hacer lo suyo", mientras se llevaba a cabo aquella visita? Después de todo, ¿cómo era posible que Jean Paul Charriere no se acercara a la casa de su ex –novia, habiendo viajado hasta el lugar, si además ya había preguntado por ella y no parecía, según los dichos de la muchacha, demasiado impresionado por la orden de restricción que habían librado contra él?

L'Ereau recordaba que el empleado del hotel había mencionado al padre de Marguerite, de modo que era posible que Jean Paul contara con el dato necesario para dar con el lugar donde ella vivía, proporcionado por aquél.

El detective estaba ahora convencido que, en alguna parte, una mentira se había entronado y lo estaba obligando a observar los hechos, de un modo más bien distorsionado. Las piezas del caleidoscopio no se acoplaban, a su pesar, para exhibir la misma belleza que la verdad tenía para él.

En alguna parte… *en alguna parte* había cometido un error, pasando por alto algo muy importante.

"André Charriere. Jean Paul Charriere". Ahora admitía que algo podía faltar en su lista y ésta encontrarse peligrosamente incompleta. En un primer momento, el orden de los sospechosos había estado invertido. Pero

ahora, repasándola, se daba cuenta que en un sentido o en otro, no le satisfacía para nada. Era cierto que Charriere se había comportado del modo más obvio posible, casi como el zorro atrapado a punto de asaltar el gallinero. Y eso era justamente lo que no le gustaba...

"*Demasiado elaborado*", se dijo. Como si hubiera decidido poner todos los focos de neón sobre su cabeza, para asegurarse de llamar sobre sí toda la atención. L'Ereau no tardó en hacerse la última pregunta: *¿A quién estaba protegiendo?*

Por supuesto que tenía la respuesta al alcance de la mano. Y él mismo hubiera dado por cierto lo que André Charriere creía, de no haber caído de pronto en la cuenta de que lo que faltaba en su lista... ¡eran todas las mentiras del pasado!

※

Marguerite estuvo a punto de colgar, cuando accedió a la casilla de mensajes. No le gustaba hablar con máquinas y, además, sabía que el asunto en cuestión era demasiado grave para transmitirlo de un modo tan impersonal. No obstante, pensó que su resistencia no tenía mucho sentido y terminó por aceptar que lo mejor sería "soltarlo" de una vez por todas, a como diera lugar.

Aunque guardaba un buen recuerdo de André –el abuelo de su hijo- no estaba para nada segura de la forma en que reaccionaría cuando le dijera...

"*...todo*", se juramentó.

Ya iba siendo tiempo de quitar aquel peso de sus hombros cansados.

※

André golpeaba con el puño el viejo mecanismo de regulación de la caldera. Era un termostato antiguo y seguramente, averiado. La aguja se movía hacia un lado y a otro, pero él no lograba que detuviera su oscilación y se estabilizara. De continuar así, se dijo, tendría que apagarla y correr el riesgo de congelarse. Pero, de momento, le parecía aún más peligroso que permaneciera encendida, en esas condiciones. Por lo visto, el mecanismo no era controlable y tanto como había hecho descender la temperatura hasta neutralizar su función, podía hacerla elevarse hasta…

"¡Hasta que estalle!"

Ya no escucharía ninguna voz que no fuera la suya. Se lo había prometido a sí mismo.

※

_ ¡Pero Charriere está equivocado!

El comentario que L'Ereau hizo en voz alta, logró reunir el interés de sus acompañantes, sorprendidos de sus palabras.

_ ¡Tenemos que estar en Beauchamps cuanto antes! ¡Hay que evitar que siga cometiendo tonterías! ¡Pidan apoyo a la policía local por el radio! ¡Que lo detengan hasta que *yo* llegue al lugar!

En buena hora se proponía apuros el maldito jefe. Alguien allí, suspiró resignado. No sólo había concitado el enojo de L'Ereau por proponer el mismo plan, sino que ahora debía escuchar cómo su propia idea se desplegaba en medio de los accesos egocéntricos del detective.

Desde luego, nadie se atrevió a decirle que estaba comportándose como un dios en la trama de una tragedia de Eurípides. *Deus ex machina...*

※

_Señor Charriere... André... Soy Marguerite Genet. Espero que me recuerde...

Apretó los párpados y trató de deshacer el nudo que atenazaba su garganta. Había comenzado a transitar un camino sin retorno.

Cuando las lágrimas rodaron por sus mejillas, Marguerite se odió por no haberse percatado durante todo aquel tiempo, del modo en que había aislado al pequeño Jean Paul del resto del mundo, separándolo incluso de su propia familia, como resultado de su convicción acerca de la protección que debía brindarle. Fundamentalmente, porque no le había parecido ni bueno ni justo, exponerlo a la peligrosa proximidad de la locura de su padre.

Quizás, en el fondo, ella misma había terminado siendo una madre peligrosa. Una que se comportaba con su hijo de un modo muy parecido al de... ¡Agnes Ducreux!

Se había apoderado del pequeño Jean Paul, igual que aquélla lo había hecho con su padre. Había tomado decisiones trascendentales sobre su vida, indiferenciando su propio deseo de lo que el niño podría desear un día, para sí mismo.

La sola idea sobrecogió su alma, hasta hacerla temblar. ¡Parecerse a Agnes Ducreux!...

Nada más que por esto, reunió finalmente todo el valor que necesitaba para dejar su mensaje en el contestador automático de André.

_ Jean Paul y yo... tuvimos un hijo _ aguardó, segura que si él estaba escuchando, ése sería el momento en que tomaría el auricular.

Pero al otro lado de la línea, el silencio se prolongó en toda su intensidad.

André vio cómo una enorme rata de pelaje erizado corría cerca de él, buscando su escondite. Estuvo prácticamente seguro que antes de desaparecer en uno de los rincones en penumbra, lo había mirado con sus ojillos oscuros y que éstos tenían el mismo brillo malicioso... ¡del ojo de vidrio que había guardado en la gaveta de un mueble de la sala!

Sin embargo, decidió que no iba a distraer su atención en tal disparate. Tenía que ocuparse de la maldita caldera que ahora parecía rechinar y quejarse con los roncos estertores de un animal agonizante.

En medio de aquellas circunstancias, él podía sentir un mar de angustia y desolación que le llegaba desde la boca del estómago y ascendía con la fuerza embravecida de lo que rápidamente estalló en un llanto incontrolable.

"¡Maldita rata!"

Sacudió la cabeza y sus lágrimas se esparcieron sobre el piso de concreto, como las primeras gotas de un día de lluvia. ¡Él era la verdadera y sucia rata en el sótano y estaba bien que su voz persecutoria lo acosara, por fin, con la única realidad que asolaba su corazón!

¡No tenía fuerzas para sacrificar su propia vida! ¡Había llegado más allá del límite soportable y deseaba encontrar el modo de regresar de aquel infierno!

"¡Jean Paul... perdóname! ¡Esto es... demasiado para mí!"

Agnes no tardaría en decirle que ella ganaba la apuesta: a último momento, él no podía demostrar su amor por ese hijo enfermo, ni aun imitando de lejos la menor actitud sacrificial de su ex –mujer.

Pero Agnes estaba muerta y nada iba a decir al respecto. Aunque regresara mil veces en forma de remordimiento, él no podía entregarse a su propia destrucción de aquel modo irracional y absurdo.

Dejó que la caldera continuara soltando sus horribles quejidos. Mientras, lloraba atrapado en su propio desconsuelo.

_ Es su nieto, André. Y quiero que, por fin, lo conozca...

Marguerite comenzó a sentir que algo muy parecido a la calidez de una caricia, se instalaba en ella y le permitía continuar con su confesión.

Ya no era tan importante que André descolgara el auricular para responderle. Quizás, era mejor así... Ya tendría tiempo, más tarde, para escuchar el mensaje.

Entonces, dejó que su secreto la abandonara, finalmente. Sabía que por primera vez en aquellos años transcurridos, encontraría su paz...

※

Todo había comenzado en Puan.

Y con esta seguridad, regresaba a la memoria del detective, la impresión que le causara Chantal Berger, cuando la visitó en su residencia familiar de la *Rue* de Viebre. Fue la de alguien que ha sido tomada desprevenida, haciendo algo indebido y obsceno en el *Jardin des Plantes*, justo cuando pensaba que nadie estaba viéndola.

Fue evidente que su rostro apacible se alteró bastante ante las preguntas del detective. Sobre todo, porque resultó obvio que las respuestas sonaban muy elaboradas. Como si alguien –una amiga muy mentirosa, por ejemplo- le hubiera advertido acerca de qué decir.

Pero Chantal recibió su verdadero "premio de consolación" cuando él le confió aquello que Marguerite se había ocupado de ocultarle desde siempre.

Impresiones, que uno se llevaba en tantos años de profesión, se dijo el detective. Y que, justamente, por tratarse de insignificancias terminaban por anudar los cabos sueltos de lo importante.

L'Ereau ofreció a regañadientes su revelación a los demás. Y lo hizo porque bajo esas circunstancias, no le quedaba en realidad, otra salida.

_ El "*Porsche*" de Agnes Ducreux ya estaba averiado al salir de Puan. Pero no fue del modo en que yo lo supuse. ¿Cómo no lo vi antes? _ se golpeó la frente con la palma de su mano, en uno de esos gestos de pésimo histrionismo que solía desplegar, cuando la "dama esquiva" se le acercaba, por fin _ Quien quiera que se ocupara de arruinar el depósito del líquido de frenos... estaba en Puan. ¡*Vive allí*! ¿Quién sino... alguien que sabe mentir tan bien que pudo engañarme a mí mismo?

L'Ereau devolvía miradas de falsa humildad. Le agradaba que los demás estuvieran tan pendientes de lo que él decía.

Su ánimo no era, pese a todo, la oscura nube de tormenta que había sido un poco antes. Había conseguido el contacto con la policía local y esto lo tranquilizaba lo suficiente, para permitirle disfrutar de su breve momento de gloria.

_ Ese hombre merece saber la verdad cuanto antes...

✵

_ Algo nos une para siempre, André: nuestro amor por Jean Paul y el odio por Agnes. Por eso la maté. Tuve la oportunidad de hacerlo y no la desaproveché. No fue algo premeditado... pero la tarde en que vino a entregarme esas horribles y patéticas cartas que le escribió a su propio hijo, en mi nombre, supe que alguien tenía que poner fin a toda su maldad. Después de lo que hice en su hermoso "*Porsche*", modelo de producción limitada, sólo era cuestión de horas que se matara en la ruta, de regreso a París. La dejé esperando por un refresco, en la sala de casa. Todo lo que tenía que hacer era salir por el jardín trasero y llegar hasta el automóvil. ¡Hasta tuve la suerte de que nadie me viera hacerlo! Pero, de todos modos, nada le hubiera llamado la atención a mis vecinos. Sabían de mi afición y la de papá por los automóviles de gran fabricación, de manera que cualquiera hubiera pensado que sólo estaba husmeando en el coche con la autorización de su dueña, de visita en casa. No fue fácil romper el material del depósito y cualquier inexperto hubiese necesitado de mucha fuerza. Pero en mi caso, después de todo lo aprendido en las revistas de suscripción de mi padre... bueno, sabía cómo hacerlo. Sabía por dónde causar ese pequeño desprendimiento que, con el transcurso de las horas, crecería peligrosamente. Tal vez no fue tan difícil, después de todo. ¡Oh, André! ¡Por fin he podido confiarle todo esto! ¿Verdad que compartiremos el secreto?

✵

_ Marguerite Genet no ha dicho más que mentiras frente a mí _ admitió L'Ereau, poniendo su orgullo a salvo ante su repentina comprensión de los hechos _ Esa muchacha, con su rostro de ángel... ¡tuvo la oportunidad y el conocimiento para hacer lo que hizo! Mintió sobre la existencia de su hijo, mintió cuando dijo que Agnes Ducreux jamás la había visitado. Ahora me doy cuenta por qué se mostró tan poco sorprendida cuando le mencioné las cartas... que ella ya conocía, en realidad.

No debió resultarle fácil, pensó L'Ereau. No era, desde luego, el trabajo para una chica. El laboratorio de investigación había establecido que el "*crilón*" era varias veces más fuerte y resistente que el plástico de alta densidad. Seguramente, ésta había sido la razón por la que él se había inclinado a pensar que se requería la fuerza de un hombre para conseguir dañarlo con cualquier instrumento. Recién ahora se percataba de la experiencia que Marguerite Genet podía haber adquirido con la lectura frecuente en las revistas de su padre. Y esto, podía hacer toda la diferencia entre la fuerza y la aptitud, para lograr su propósito de llegar a los sitios adecuados del depósito.

El propio informe señalaba esta posibilidad que él no había pesado en su importancia desde un principio: había separación de los acoples del depósito a su bomba de distribución del líquido de frenos. Era evidente que había existido un buen conocimiento de la estructura a atacar, de modo que las dificultades se habían podido sortear con éxito.

Bueno, era probable que quedara pendiente el más importante problema de todos. Tendría que probarse su culpabilidad y, dada la personalidad de aquella muchacha, eso no iba a resultar nada sencillo. Marguerite podía mentir atrozmente y convencer a todos que el mundo era plano.

L'Ereau se distendió por un momento. Al menos, había un abuelo para ese pobre y pequeño inocente cuyos padres estaban... en serios problemas.

❋

Cuando André logró regresar a la sala, no tuvo tiempo de escuchar el suave *click* de la cancelación del mensaje en el contestador del teléfono. Lo que veía a través del ventanal estaba concitando todo su interés. Dos coches negros, pertenecientes a la policía de Beauchamps empezaban a estacionar sobre el camino de grava, frente a su casa.

Finalmente, el maldito detective había mandado a otros a hacer el trabajo sucio...

La visión terminó por resultarle vagamente familiar. ¡Se parecía tanto a la caravana fúnebre de su sueño!

No pudo reaccionar al horrible malestar que ascendía por sus entrañas. Permaneció atrapado en la contemplación de la escena, aceptando amargamente que venían por él.

¡Aquel cortejo fúnebre venía por él!

"Pero aún estoy vivo. La caldera no estalló..."

❋

_ ¿Qué? _ la escueta pregunta de L'Ereau estaba destinada a despreciar tanto asombro en la expresión de los rostros que lo rodeaban _ Así suelen ser estas cosas. Hay los que prometen amar para siempre y no cumplen con su promesa. Otros, juran amar con locura… y lo logran.

FIN

Rosa Amalia Gallo

Nació en Rosario, Argentina al sur de la provincia de Santa Fe a orillas del río Paraná, creció en el seno de una familia afectiva conformada por su padre Francisco Gallo un eminente médico y su madre Amalia Busto una didáctica profesora de Dibujo.

Rosa Amalia se graduó como Psicóloga, en la Universidad Nacional de Rosario y fue durante muchos años docente en la Escuela Superior de Comercio "Libertador General San Martin" una importante academia universitaria de la ciudad; allí ocupó el cargo de asesora pedagógica hasta su retiro. Actualmente, se dedica por entero a escribir, su gran pasión que desde pequeña emprendió, en su adolescencia incursiono en la poesía y público su quinta obra "El sobreviviente" con la Editorial D'Har Services.

Es orgullosa abuela de Bianca, Bruno y Dante nacidos de la unión de su querido hijo Adrián Mondalportti con Amorina Martinez.

www.ingramcontent.com/pod-product-compliance
Lightning Source LLC
LaVergne TN
LVHW051623080426
835511LV00016B/2147